친일파의 굴욕

親 日 派 屈 辱

親 日 派

친일파의 굴욕

친일이라는 이름 뒤의 '수모'와 '불안',
그들은 과연 호의호식만 했을까

김종성 지음

屈 辱

북피움

서문

당한 역사만 있는가,
일격을 가한 역사도 있다

'친일파' 하면 떠오르는 연도가 셋 있다. 을사년, 정미년, 경술년이다. 이 연도들은 을사오적, 정미칠적, 경술국적과 함께 자동으로 연상된다. 1905년에 을사오적들은 일제의 외교권 강탈을 도왔고, 1907년에 정미칠적들은 내정 개입과 군대해산을 도왔다. 1910년에 여덟 명의 경술국적들은 나라를 아예 통째로 팔아먹었다. 그들의 단계적인 협조에 힘입어 일본 제국주의는 대한제국 강점을 수월하게 달성했다. 그들이 위 3개 연도에 맹활약했기 때문에, 육십갑자로 연도를 세지 않는 현대인들도 그 연도들을 익숙하게 기억하고 있다.

그런데 을사년, 정미년, 경술년은 친일파들이 제국주의와 합세해 한국인들을 괴롭힌 연도다. 이런 연도들은 우리 머릿속에 잘 각인된 반면, 한민족이 그들에게 타격을 가한 연도들은 쉽게 떠오르지 않는다. 그들에게 타격을 가한 때가 없었던 것은 아니다. 당연히 있었다. 아니, 많았다. 그런 타격이 특히 심대했던 연도들도 있었다. 한두 해도 아니고 여러 해 있었다. 그런데도 얼른 떠오르지 않는다.

한국이 지금의 상태에 놓인 것은 친일 세력을 어느 정도라도 약화시켰기 때문이다. 그렇게 하지 못했다면, 친일파 후계 세력의 위세가 지금보다 훨씬 대단했을 것이다. 그랬더라면 지금 우리는 친일 청산을 하자는 말조차 꺼내기 힘들 것이다. 다행히도 그런 세상이 되지 않은 것은 한국인들이 친일파들을 약화시키며 제한적이나마 성과를 거둬왔기 때문이다. 그런데도 그들에게 타격을 가한 연도들은 을사·정미·경술처럼 얼른 떠오르지 않는다. 이는 친일과 관련된 우리의 역사 인식에 뭔가 문제점이 있음을 의미한다. 이 책은 그 같은 문제의식에서 출발한다.

패배한 역사를 기억하고 되새기는 것은 당연히 중요하다. 이것의 중요성은 두말할 나위도 없다. 그러나 이것만을 중심으로 역사 인식 체계를 세우면 역사의 승자가 되기가 요원해진다. 잘못된 과거를 청산하고 세상을 바로잡기가 힘들어진다. 굴욕의 역사만을 기초로 과거를 기억하면, 앞으로 승리를 거둘 가능성이 높아지지 않는다. 역사의 승자가 되려면, 과거에 잘했던 일들로부터도 용기와 희망을 얻을 필요가 있다. 그런 기억은 우리에게 자신감을 부여하고, 나아가 싸울 용기를 불어넣는다. 친일파들에게 승리를 거두고 굴욕을 안긴 역사를 정리하는 것은 그런 이유에서도 필요하다.

꼭 그런 이유가 아니더라도, 역사를 있는 그대로 받아들여야 할 필요성 때문에 그것은 중요하다. 역사를 대할 때는 부분이 아닌 전체를 살펴야 한다. 친일파에게 당하고 패배한 역사를 주로 다루는 종래의 방식은 전체가 아닌 부분을 이해하는 것에 지나지 않는다. 그것은 역사의 일면만을 받아들이는 것이다. 기존의 접근법에서는 친일파의 '웃음'만 강조됐지, 그들의 '눈물'은 별로 드러나지 않았다. 있는 그대로의 역사를 복원할 필요성에서라도, 그들이 굴욕을 당하고 우리 민족이 승리를 거둔 역사를 정리하는 것이 긴요하다.

당한 역사뿐 아니라 일격을 가한 역사도 함께 정리하는 것은 여러모로 유용하다. 어떤 상황에서 어떻게 당했는지를 기억하는 것은 동일한 실패를 예방하는 데 도움이 된다. 어떤 상황에서 어떻게 이겼는지를 기억하는 것은 확신을 갖고 싸움에 나서도록 만든다. 이는 승리의 여건을 갖추는 데 필수적이다. 이는 자신감을 갖게 해준다. 자신감이 없으면 절대로 이길 수 없다. 패배한 역사뿐 아니라 승리의 역사도 함께 기억하는 것은 우리를 그런 자신감으로 인도한다.

친일 청산을 희망하는 것은 과거의 상처를 곱씹으며 비애에 젖어 지내기 위해서가 아니다. 그것을 희망하는 것은 승리를 거두고 싶기 때문이다. 역사를 바로잡고 싶기 때문이다. 그런 승리를 거두자면 친일파들을 제압했던 과거의 일들도 우리 머리속에 담아둘 필요가 있다.

이 책은 을사년, 정미년, 경술년처럼 친일파들이 승리한 연도를 분기점으로 친일의 역사를 정리하지 않는다. 이 책은 친일 진영과 일제를 응징하고 무릎을 꿇린 네 개의 연도를 중심으로 친일의 역사를 서술하고자 한다. 네 개의 연도는 1894년, 1919년, 1945년, 1949년이다. 그해에 우리 민족은 강력한 에너지를 모아 제국주의 및 친일파에 당당히 맞섰거나 그들을 무너뜨렸다. 이 네 연도를 기준으로 우리 민족과 그들의 상호 항쟁을 정리하면서, 각 시기별로 친일파 몇 명을 골라내 그들의 친일 행위와 그들이 민중과 일제에게 당한 굴욕과 수모를 살펴보는 방식으로 이야기를 전개한다.

20세기에 우리 민족은 일제와 친일파들로 인해 너무나 가혹한 시련을 겪었다. 그러나 그때도 우리는 당하기만 한 게 아니라 그들을 혼쭐내기도 하고 이기기도 했다. 이 항쟁 속에는 우리를 패배로 이끈 요인도 담겨 있고 우리를 정반대로 안내한 요인도 담겨 있다. 두 개의 상반되는 요인들을 토대로 한국 현대사의 올바른 상(像)을 구축하는 것이 친일 문제 역사학의 과제 중 하나다. 이 책은 그런 과제에 부응하겠다는 목표로 집필했다.

우리 민족이 친일 청산을 추구하는 것은 우리 사회를 더 건강한 공동체로 만들기 위함이다. 과거에 발생한 질병을 그냥 방치하면 건강한 내일을 기약할 수 없다. 그런 문제점을 그대로 놔두면 기대수명만 줄어들 뿐이다. 우리가 친일 청산을 열망하는 것은 그 때문이다. 우리 사회를 건강하게 만들기 위해서다. 과거 일에 왜 그렇게 집착하느냐며 친일 청산을 저지하는 것은 죄악이다.

그것은 질병을 그냥 안고 살아가라고 권유하는 무책임한 짓이다. 친일 청산은 우리 사회의 문제점을 완치하기 위한 수술이다.

   친일파의 '굴욕'을 콘셉트로 친일의 역사를 정리하자는 제안은 북피움 출판사에서 나왔다. 친일 문제를 바라보는 관점의 지평을 넓히는 책을 쓸 수 있게 해준 출판사에 감사를 표한다. 이 책이 우리 사회의 모순과 부조리를 치유하는 데 작으나마 일조하게 되기를 소망한다.

2025년 8월

김종성

차례

서문 당한 역사만 있는가, 일격을 가한 역사도 있다 · 5

제1장 동학혁명과 그 이후

01 조선 왕실의 관료, 명성황후 시신을 불태우다 · 21
을미사변과 고종 폐위에 관여하고 12년 동안 일본 망명 생활을 한 구연수

02 왕의 포박령, 빚더미, 그리고 잃어버린 작위 · 35
일본으로 도주한 '중전 살해 4인방' 조희연의 굴곡진 친일 행적

03 친일 총리, 길거리에서 맞아죽다 · 46
영화의 한 장면처럼 쓰러진 김홍집

04 오적암살단의 육혈포가 불을 뿜었지만… · 54
일제에 오래오래 충성했지만 아우에게 의절당한 권중현

05 두 번의 암살 시도, 그러나 그의 명줄은 길었다 · 64
몸종과 취객에게까지 봉변당하고 암살 시도에 벌벌 떨었던 을사오적 이근택

06 새를 잡았으니 활은 꺼져라? · 70
대한제국 군대해산에 이바지한 '친일 2관왕' 고영희의 굴욕

제2장   3·1운동과 그 이후

07 광란의 총질, 만세 시위 군중 53명을 살상하다 · 89
   3·1운동 단 하루의 악독한 행위로 영원히 '친일파'로 박제된 강병일

08 "임시정부의 명령으로 너를 죽인다!" · 97
   만세 시위를 비웃다가 대한독립단에 의해 총살된 최병혁

09 안중근과 한용운도 속인 더러운 가면의 사나이 · 102
   독립운동가 행세하다 밀정임이 들통나 세상의 이목을 피한 엄인섭

10 신일본주의 외치다 제국호텔에서 칼에 찔리다 · 109
   '무늬만 참정권' 운동을 벌이다 의로운 칼에 고꾸라진 민원식

11 칼에 찔리고, 집은 불타고, 손자와 며느리는 사기를 치다 · 120
   살아생전 독립투사들의 표적이 되고, 죽어서도 망신당한 이완용

12 '감자'와 '고구마' 사이, 순수문학에서 황국문학으로 · 132
   황군위문단을 자청했다 퇴짜 맞은 김동인

13 1919년의 '민족대표', 1944년에는 '친일대표'가 되다 · 146
   교계 쿠데타를 만난 정춘수

제3장 해방과 그 이후

14 일왕의 항복 방송에 눈물이 방울방울 · 164
    일제 패망 시에도 일본을 위해 동분서주하다 공개 면박을 당한 김대우

15 건준으로 갈아탄 친일파, 한여름밤의 꿈을 꾸다 · 174
    해방 다음 날 총독부 기관지를 접수하려다 실패한 양재하

16 명태 100마리 선물했지만 소련군 포로 신세가 되다 · 181
    정보원에게 뒤통수 맞고 부하들 손에 암살당한 친일 군인 김창룡

17 '이상하게도' 일제의 육군 중장이 된 한국인의 최후 · 193
    일본의 군대에서 출세했으나 일제에게 버림받고 처형된 홍사익

18 친일파들이여, 한민당으로 어서들 오시오! · 203
    해방 후 새로운 친일 세상을 구축하다 독립투사들의 총에 쓰러진 장덕수

19 100년 전 K-무용의 전설, 일왕을 위해 춤을 추다 · 214
    남에서 친일하고 북에서 숙청당한 최승희

제4장 반민특위와 그 이후

20 생선 한 마리로 시작한 친일, 군함과 비행기로 덩치를 키우다 · 235
  죽을 죄를 지었다며 머리 조아린 문명기

21 카프문학의 기수, 황국문학으로 투항하다 · 245
  세종문화회관 별관 앞에서 사형을 선고받은 김기진

22 어느 친일 판사의 행방불명 · 254
  일제에 부역하고도 반민특위는 피했지만 납북을 당한 강동진의 최후

23 4·19 때 '모국'으로 쫓겨난 친일 판사 · 260
  3·15 부정선거의 원흉으로 국회의원 제명된 장경근

에필로그 친일 문제는 어찌보면 승리의 역사다 · 270

참고문헌 및 참고자료 · 277

親日派屈辱

제1장

동학혁명과 그 이후

구 연 수 조 희 연 김 홍 집

권 중 현 이 근 택 고 영 희

親
日
派
屈
辱

    한민족과 친일파의 충돌은 1894년에 개시됐다. 1894년의 조선을 뒤흔든 역사적 사건인 동학혁명은 조선 내부의 봉건 체제뿐 아니라 외부 제국주의에 대한 응전의 성격도 띠었다. 친일 세력은 봉건 체제의 수호자인 동시에 제국주의의 부역자들이었다. 그들은 동학혁명의 양대 캐치프레이즈인 '반외세'와 '반봉건' 모두에 걸리는 집단이었다. 그래서 동학혁명은 봉건세력과 제국주의는 물론이고 친일 세력과의 투쟁이기도 했다.

    동학군이 표방한 반외세의 표적은 처음에는 청나라였다. 1876년 강화도조약 이래 조선 시장을 자국 자본의 이익에 맞게 재편한 쪽은 일본이지만, 1882년 임오군란 이래 조선의 내정과 외교를 쥐락펴락하며 자주성을 억압한 쪽은 청나라였다. 물론 청나라 역시 조선을 경제적으로 침탈했다. 경제 분야에서는 일본에 뒤졌을 뿐이다. 경제 침탈 1위는 일본, 2위는 청나라였다. 양국의 차이는 오십보백보였다. 이런 청나라가 정치·군사 분야에서는 일본을 제치고 조선을 압도적으로 억압했다. 이 때문에 1882~1894년 기간에는 청나라의 압박이 훨씬 두드러졌다. 그래서 동학혁명 이전 시기에 한민족과 외세의 1차적 갈등은 조선과 청나라 간에 있었다. 일본과의 갈등은 이 시기에는 2차적인 것이었다.

그런데 동학혁명 당시 일본이 자국민 보호를 명목으로 조선을 침략하고 청일전쟁을 일으키면서 상황이 달라졌다. 이로 인해 동학군의 항쟁 대상은 청나라에서 일본으로 바뀌었다. 일본은 1894년 7월 23일(음력 6.22) 경복궁을 점령해 조선 조정을 장악한 뒤 25일부터 청나라와 일전을 벌였다. 일본은 청일전쟁에서 승기를 잡고 나서 동학혁명군을 본격 상대했다. 그해 상반기에 조선 정부군을 상대해 승세를 잡았던 동학군은 하반기에는 일본군에 맞서 싸웠다.

이때 일본군 옆에는 조선 정부군과 극우 민병대가 있었다. 이들 모두를 상대하는 혁명군의 규모가 무려 20만이었다. 이 규모는 일제강점기의 어느 독립군에서도 찾아볼 수 없다. 그 정도로 동학군의 항일 역량은 대단했다. 제국주의와 친일 세력에 대한 우리 민족의 역량이 이때처럼 거대하게 결집됐던 때는 없었다. 그러나 동학군은 일본군을 꺾지 못했다. 1895년 상반기에는 일본군의 승리가 확정됐다. 일본군의 승리는 곧 친일 세력의 승리였다.

이 시기에 친일파들은 일본군을 조선에 끌어들이거나, 일본을 거들며 동학군과 싸웠다. 그들은 그런 식으로 한국 사회를 거역했다. 제1장에서 소개하는 친일파인 조희연은 동학군을 진압하러 들어오는 청나라 군대는 반대하면서, 똑같은 목적으로 들어오는 일본군은 적극 환영했다. 또 김구의 『백범일지』 등에서 나오듯이 극우세력은 민병대를 결성해 동학군에 대항했다. 동학군과 일본군이 전쟁하는 와중에 극우 민병대는 동학군 쪽으로 총칼을 겨눴다. 너무나 서글픈 장면이다. 동학군은 일본군에는 밀렸지만, 정부군이나 민병대에는 밀리지 않았다. 일본군이 승리했으므로 결과적으로 정부군과 민병대도 승리한 셈이지만, 이들과의 일대일 대결에서는 동학군이 밀리지 않았다. 동학군이 이들에게 입힌 타격은 친일파에 대한 초창기의 타격에 속한다.

동학군을 진압한 일본군은 조선의 법률제도를 자국의 침략이 용이한 상태로 바꿔나갔다. 경복궁 점령 나흘 뒤에 개시된 갑오경장(갑오개혁)은 그런 목적에서 벌어진 일이다. 뒤이어 일본은 명성황후를 시해해 고종 임금을 겁주고, 자국 군대의 한반도 주둔을 용이하게 하고, 대한제국의 외교권을 빼앗고 행정·군사권을 무력화시켜 나갔다. 그 같은 단계적 압박의 결과로 1910년에는 대한제국이 통째로 넘어갔다. 동학군 몰락 이후에 친일파는 그 같은 일제의 궤적을 따라다녔다. 이것이 을사오적·정미칠적·경술국적이라는 단어들을 유명하게 만들었다.

동학군이라는 거대 에너지를 상실한 1895년 이후의 한민족은 친일파들을 제대로 응징할 수단을 갖지 못했다. 조선 정부나 군대를 이용할 수는 없었다. 그래서 의병을 조직해 일본과 친일파에게 대항했다. 그렇지 않으면 개인, 또는 소수 단위로 그들에게 계속 응징을 가했다. 이로 인한 친일파들의 피해도 적지 않았다. 이는 동학혁명 이후에 많은 친일파들이 겪은 위험이나 시련의 일반적 형태다.

본문에서 좀 더 상세히 소개되겠지만, 을사오적인 40세의 이근택은 나머지 넷과 함께 거국적 지탄의 대상이 됐다. 구한말 역사를 담은 황현의 『매천야록』에 따르면, 그는 땀을 뻘뻘 흘리며 집으로 돌아가 "나는 다행히도 죽음을 면했다."며 안도했다. 주방에서 이 말을 들은 그 집 며느리의 몸종은 칼에 손을 댔다. 짐승 잡을 때 쓰는 난도(鸞刀)였다. 몸종은 이 칼을 들고 뛰쳐나와 "이근택!"을 외쳤다. 일국의 대신인 주인 나으리의 이름 석 자를 부른 몸종은, "너 정말 개·돼지만도 못하구나! 내 비록 천한 사람이나, 어찌 개·돼지의 노비가 될 수 있겠느냐?"라고 절규하고는 그 길로 그 집을 나가 원래 주인집으로 돌아가버렸다.

이완용은 그의 집이 불타는 아찔한 상황을 감내해야 했다. 또한 1909년에는 지금의 서울 명동성당 앞에서 스물아홉 살 어린 22세 청년 이재명의 기습을 받아 죽을 고비를 넘겼다.

을사오적 이지용은 또 다른 방법으로 망신을 샀다. 고개를 들고 다니기 힘들 정도의 망신이었다. 이 망신은 친일파를 미워하는 사람들로 인해 생긴 게 아니었다. 일본 쪽 사람들로 인해 그가 겪은 망신이었다. 친일은 그의 가정사를 엉망으로 만들었다. 그 친일은 배우자 이옥경(원래는 홍옥경)이 하세가와 요시미치(長谷川好道)와 바람이 나는 빌미를 제공했다. 을사늑약 당시 한국주차(駐箚)군 사령관으로서 병력을 동원해 공포 분위기를 조성했던 일본 장군이 이지용의 '아내의 남자'가 됐던 것이다.

『매천야록』은 이옥경이 "하세가와와 손을 잡고 입술을 맞추며 아무 때나 출입하자, 추한 소리가 나라 안에 떠들썩했다."고 알려준다. 이옥경은 하세가와로 만족하지 않았다. 그는 새로운 일본 남자와도 스캔들을 일으켰다. 이는 일본으로 떠나는 날, 하세가와가 이옥경의 입술을 깨물어 상처를 입히는 원인이 됐다. 이 사실이 알려져 한양에서는 「작설가」가 유행했다. 이지용은 나라를 망치는 바람에 자기 집안이 망가지는 아픔을 감내해야 했다. 이 유행가는 그의 가슴을 후벼 파는 것이었다.

이제, 제1장 본문으로 들어간다. 구연수, 조희연, 김홍집, 권중현, 이근택, 고영희가 당한 굴욕들이 이번 장에서 소개된다. 그들이 어떤 식으로 친일을 하다가 무슨 일을 겪었는지 알아보자.

01

조선 왕실의 관료,
명성황후 시신을 불태우다

을미사변과 고종 폐위에 관여하고 12년 동안 일본 망명 생활을 한 구연수

일제강점기 조선인 강제징용으로 악명 높은 사도광산에서는 가혹한 노동에 시달리던 강제징용 피해자들만 양산된 것은 아니다. 적은 숫자이기는 하지만, 일제의 한국 침략에 협조한 인물들도 배출됐다. 1889년 1월에 일본 궁내성은 사도광산학교를 설립했고 1892년 4월에 1회 졸업생이 나왔다. 그중에 3명의 조선인이 있었다. 그들은 일본어 통역을 옆에 두고 수업을 받고 근대 광산학을 배웠으며 '사도광산 최초의 조선인'으로 기록되어 있다.[1] 그

---

[1] 행정안전부 일제강제동원피해자지원재단의 보고서인 「일본 지역 탄광·광산 조선인 강제동원 실태」에 따름.

명성황후가 거처했던 경복궁 건청궁 곤녕합 옥호루.

들의 이름은 박창규, 박치운, 구연수였다. 이들 3명의 조선인은 이후 일본과 밀접한 관계를 유지한다. 박창규는 1905년 3월 러일전쟁 일본전승축하특파대사의 수행원으로 일본을 방문했고, 박치운은 1894년 일본군이 동학군을 토벌할 때 일본측 통역이었다.

하지만 이들 가운데 가장 두드러진 인물은 구연수이다. 구연수는 1895년 10월 명성황후 시해 사건에 등장한다. 그는 시해당한

황후의 유체 소각에 관여하고 일본으로 달아난 인물이었다. 구연수는 우범선(당시 조선 훈련군 제2대대장)의 지휘하에 그런 만행을 저질렀다.

> "우범선은 구연수와 하사관에게 명해 왕비의 시체를 이불 위에 얹고 그 위에 다시 이불을 덮어 새끼줄로 묶어 옆 창고에 넣었다. 곧 시체를 동산 기슭으로 옮겨 석유를 끼얹어 태웠다. 타다 남은 뼈는 하사관이 못에 갖다 버렸다."[2]

우범선은 '씨 없는 수박'으로 유명한 육종학자 우장춘 박사의 아버지다. 을미사변 당시 구연수는 우범선의 지시를 받고 명성황후의 시신 소각에 관여했을 뿐만 아니라, 일본의 로닌(浪人, 실직한 무사)들이 경복궁에 침입할 때 그들을 안내하는 역할도 했다. 1937년 3월호 「야담(野談)」에는 다음 문장이 있었는데 일제 당국의 검열로 삭제됐다.[3]

---

[2] 이종각, '자객 고영근의 명성황후 복수기」, 「신동아」 2009년 9월호에 인용된 일본 사노시 향토박물관에 소장된 「스기무라군 일기」 참조.

[3] 대통령 소속 친일반민족행위진상규명위원회가 발간한 『친일반민족행위진상규명보고서』 제4-1권 참조. 참고로 「야담(野談)」은 1935년에 김동인이 역사서의 번역문과 역사를 개작한 소설 및 야담·한시 등을 실었던 야담 전문 잡지이다.

을미사변을 일으킨 로닌들. 「한성신보」 사옥 앞에서 찍은 사진이다.

"48명의 일본인 검객과 조선인 구연수 외에 왕후의 얼굴을 잘 알고 있는 일본인 소천실(小川實)의 딸이 수행을 하여 궁중에 들어갔다."

48명의 일본인 로닌과 오가와 미노루의 딸이 구연수와 함께 궁궐에 침입했다는 문장이 잡지에 기술됐다가 검열로 삭제당한 것이다. 오가와 미노루(小川實)는 무기 중개상과 통역 등으로 알려진 사람인데, 그의 딸이 어떻게 명성황후 민씨의 얼굴을 알 수 있었을까?

"외래문물이나 정세에 관심이 많았던 민비는 미국 여인이나 영국 여인, 일본 여인까지도 궁중에 불러들여 극진히 대우하고 대화를 나누곤 했으며, 이 소천녀(小川女)도 그런 혜택받은 여인 가운데 하나로 민비의 얼굴을 알고 있는 유일한 일본 사람이었다."[4]

본적이 경기도인 구연수는 1867년에 출생해 16세에 무과에 급제한 뒤 국비 유학생이 되었고, 도쿄센슈보통중학교·도쿄제국대학을 거쳐 사도광산학교를 졸업했다. 동학혁명 2년 전인 1892년에 귀국한 그는 광산학교를 졸업한 전공을 살려 광무국과 공무아문[5]에서 일했고, 명성황후 시해 사건 당시에는 농상공부 광산국 기사로 일하고 있었다.

오가와의 딸뿐 아니라 구연수도 중전의 얼굴을 알고 있었다. 그래서 구연수가 로닌들에게 명성황후를 지목해주었다.[6] 조선 왕실의 녹봉을 받던 관료가 저지를 만한 일은 아니었다. 그러나 그는 주저 없이 그렇게 했다.

을미사변에 적극 가담했던 구연수가 조선에 머무는 것은 당연

---

[4] 1982년 10월 16일자 「조선일보」 1면 참조.

[5] 광무국은 대한제국 때 광산에 관한 사무를 맡아보던 관청이고, 공무아문은 1894년 이후에 공작·교통·체신·건축·광산 따위에 관한 일을 맡아보던 관청이다.

[6] 이종각, 『이토 히로부미-원흉과 원훈의 두 얼굴』, 동아일보사, 2010. 참조. 책에 따르면, 우범선의 진술을 윤정효가 기록한 「우범선 최후사」에 이 내용이 기술되어 있다.

히 위험했다. 그는 일본으로 몸을 피했고, 을미사변 다음 해 봄에는 일본 정부에 광산 기사로 고용되었다.[7] 조선 왕실의 녹을 먹던 관료가 일본에 충성하고, 제국주의의 본토에서 월급을 받고 살게 된 것이다.

일제는 왜 명성황후를 죽였나

청일전쟁에서 승리한 일본은 1895년 4월 17일의 시모노세키조약을 통해 랴오둥반도와 대만 등을 할양받았다. 랴오둥반도는 북중국과 만주 양쪽의 정세 변화에 영향을 미치는 요충지다. 이런 곳을 일본이 차지하는 것에 대한 서방 세계의 경계심이 그달 23일 러시아·독일·프랑스의 삼국간섭으로 표현됐다. 삼국은 조선 독립과 동아시아 평화가 위협받는다는 이유로 일본의 랴오둥반도 강점을 반대했다. 일본은 청나라는 이겼지만, 러·독·프는 상대하기 버거웠다. 그래서 5월 4일에 삼국간섭을 수용하고 랴오둥반도를 포기했다.

청나라를 몰아내고 조선을 장악한 일본이 서양 삼국에 한 방

---

[7] 민족문제연구소의 『친일인명사전』 제1권 구연수 편은 이렇게 설명한다. "1895년 11월 명성황후 시해 사건에 연루되어 일본으로 피신했다. 1896년 4월 일본 정부에 광산 기사로 고용되었다. 1899년 5월경 잠시 부산항에 들어와 국내의 동조 세력과 접촉을 도모했지만, 8월 말경 일본 측의 권고로 다시 일본으로 돌아갔다."

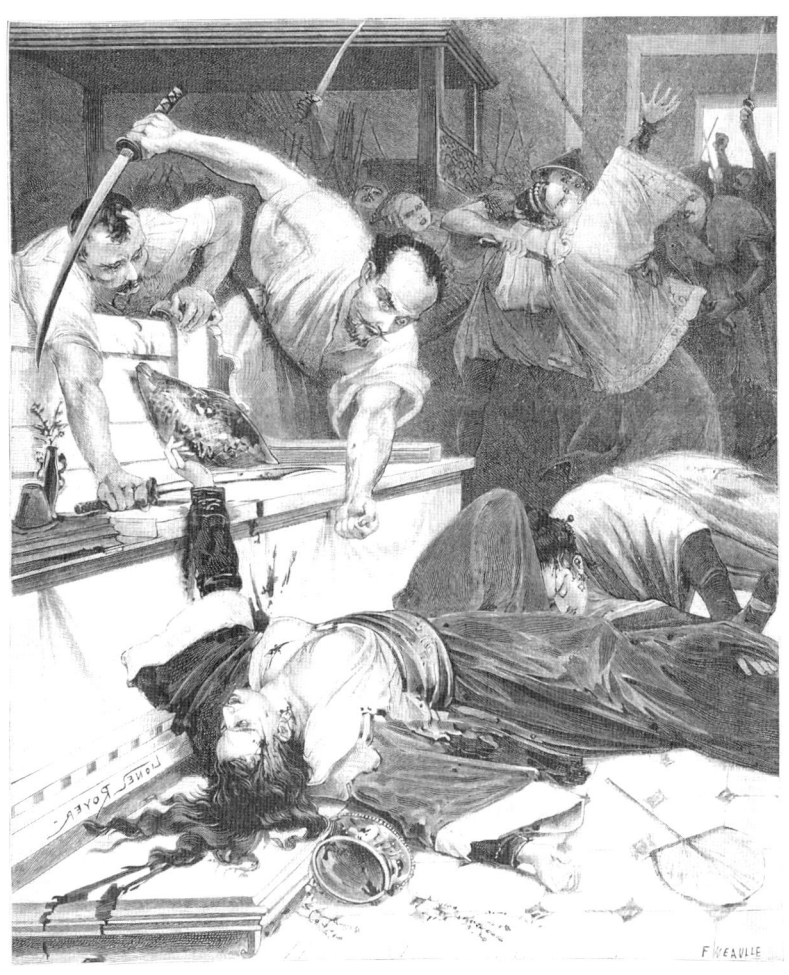

을미사변을 알린 1895년 10월 27일자 「르 주르날 일뤼스트레Le Journal illustre」 기사.

얻어맞은 형국은 경복궁에 갇힌 고종에게 희망적인 뉴스였다. 그는 삼국간섭을 주도한 러시아를 끌어들여 일본을 견제하는 쪽으로 기울었다. 이런 상태에서 총리대신 김홍집과 함께 친일 내각을 주도하던 내부대신 박영효의 역모 혐의가 불거졌고, 7월에는 박영효가 일본으로 망명했다. 이로 인해, 총리는 여전히 김홍집이지만 친러파 박정양과 이완용 등이 참여하는 내각이 8월 24일 출범했다. 청일전쟁 이후로 강해진 일본의 영향력이 약해지는 정국이 조성됐던 것이다.

이처럼 삼국간섭을 계기로 일본의 위세가 떨어지는 상황에서 벌어진 일이 그해 10월 8일(음력 8.20)의 을미사변이었다. 이는 기본적으로 고종을 겁주기 위한 만행이었다. 일국의 군주를 죽일 수는 없으므로 중전을 살해하는 쪽을 선택했던 것이다. 이런 엄청난 사건에 적극 가담했으니 구연수는 중전뿐 아니라 주상에게도 위해를 가한 셈이 된다.

길었던 망명 생활, 12년 만의 귀국

중죄를 짓고 일본으로 도주한 구연수는 5개월 만에 광산 기사로 채용됐다. 생계 수단은 얻었지만, 대가를 감내해야 했다. 그의 귀환은 하염없이 지연됐고 객지 생활은 오랫동안 이어졌다. 러시아가 만주 문제에 집중하느라 조선에서 발을 뺀 1898년 4월 이후로는 일본의 영향력이 안정 궤도에 접어들었지만, 이것이 그의 귀환을 앞당기지는 못했다. 그가 저지른 일은 그 정도로 중대했던 것이다. 중죄에 대한 인과응보로 볼 수는 없지만, 그는 끝을 알 수 없는 기나긴 망명 생활에 갇혀 지냈다.

을사늑약(**을사보호조약**)으로 외교권이 넘어간 다음 해, 을미사변 11년 뒤인 1906년에 사면을 받고 1907년 5월에야 다시 한국 땅을 밟게 된다. 극단적 친일 행위로 인해 근 12년간 고국을 떠나 있었다. 을미사변으로 인해 그 역시 편히 살지는 못했던 것이다.

그 기간 동안 구연수는 어느 정도는 고생을 했던 것 같다. 구연수가 귀국한 이후인 1908년 5월 무렵에 한양에서는 강구회(**講舊會**)라는 단체가 만들어졌는데, 구연수는 이 모임의 간사였다.[8] 강구회는 강구(**講究**)가 아니라 강구(**講舊**), 즉, 대책을 숙의하는 모임이 아니라 '옛날을 이야기하는 모임'이었다. 모임의 성격 자체가 망명객이나 유학생 신분으로 일본에서 고생했던 사람들이 서로 돕자는 명목이었으므로, 구연수의 일본 생활이 넉넉지는 않았던 것으로 짐작할 수 있다.

그러나 그런 고생은 그를 개심시키지 못했다. 근 12년 만에 뻔뻔하게 귀국한 그는 일본 제국주의에 협력했다. 귀국한 해에 바로

---

[8] 『친일반민족행위진상규명보고서』 제4-1권에 인용된 「통감부문서」 제10집 '헌기(憲機) 제167호 강구회(講舊會)에 관한 건'에는 강구회의 취지에 관해 "왕년에 망명해서 후년에 외국으로 도망한 사람 또는 유학생으로 고통스럽게 살아갔던 과거의 여러 일들을 생각해 공사무를 상호적으로 도와주는 것"이었다고 쓰고 있다.

악질 친일 단체인 일진회의 평의원이 됐고, 6월에는 울도군수에 임명됐다. 1905년 2월 22일 일본이 독도를 강점한 상태에서, 친일파인 그가 독도를 관장할 울릉도의 행정 책임자로 임명된 것이다. 전임 울도군수인 심흥택이 독도에 대한 일본의 위협을 중앙정부에 보고하자 강원도 횡성군수로 쫓아버리고 구연수를 그 자리에 앉히려 한 것이었다.[9]

이번에는 고종 퇴위 시위를 벌이다

구연수가 울릉도로 떠났다면, 그해 7월의 역사적 현장에서 그는 일본에 충성할 기회를 갖지 못했을 것이다. 그달에 일본은 을사늑약 무효를 주장할 헤이그 만국평화회의 특사단을 파견한 고종 황제를 퇴위시키는 작업에 착수했다. 중전 시해에 가담했던 구연수는 이 일도 거들었다. 『친일인명사전』을 보자.

> "1907년 7월 헤이그 특사 사건 후 이토 히로부미의 사주를 받은 송병준의 명령으로 일진회 회원 300여 명을 동원하여 왕궁

---

[9] 구연수는 울릉도에 실제로 가지는 않았던 듯하다. 『독도연구』 2015년 제19호에 실린 김호동 영남대 연구교수의 논문 '개항기 울도군수의 행적'은 구연수가 "1907년 6월 26일자로 울도군수에 임명"됐다고 한 뒤 "25일 만에 경무사로 임명된 것으로 보아 실제 도임하지 않았던 것으로 보인다"고 언급한다.

을 포위하고 시위를 벌여 고종을 협박하고 퇴위시키는 데 앞장섰다."

이렇게 구연수는 고종을 정치적으로 시해하는 일에도 발 벗고 나섰다. 울도군수로 발령받은 사람이 부임지인 울릉도로 내려가지 않고 한양에서 "황제 물러가라!"라는 시위를 주도했다. 그의 마음속에서 대한제국이 얼마나 우스웠겠는지를 생각하게 만드는 장면이다.

일본과 친일 세력은 그의 행동을 공로로 평가해 오늘날의 경찰청장 격인 경무사[10]에 임명했다. 이때가 1907년 7월 22일, 고종이 퇴위 조서를 발표한 지 불과 나흘 뒤였다. 고종이 퇴위당한 직후에 그의 무모한 행동에 대한 보상이 주어졌던 것이다.

이 시점은 대한제국 치안이 매우 긴박할 때였다. 일본이 고종을 퇴위시킨 데 대한 분노가 들끓고 있었다. 2년 전의 을사늑약으로 외교권을 빼앗은 일본이 한일신협약(7.24)을 통해 행정 간섭권까지 얻고, 뒤이어 순종을 압박해 대한제국 군대를 해산했다. 치안 총수가 된 구연수는 민중의 분노가 친일 정권에 쏠리지 않

---

[10] 경찰·감옥 업무를 관장한 경무청(警務廳)의 장관직. 칙임관(勅任官)으로 임명되었다. 경무청은 1894년(고종 31) 7월 좌포청과 우포청을 합하여 한성부 내의 경찰·감옥 사무를 관장하기 위해 내무아문(內務衙門) 소속으로 설립되었다.

도록 견제했다. 그는 경찰력을 동원해 친일 세력을 보호하는 일에 앞장섰다. 『친일인명사전』에 따르면, 구연수는 고종의 퇴위 직후 이완용의 집을 불태우는 등 곳곳에서 항의 시위가 잇따르자 철시를 주도했던 상업회의소 회장 조병택을 체포하는 등 진압 작전에 앞장섰다.

경찰 1인자의 보름천하, 그리고 일본인 상관에게 고개 숙이다

구연수는 맹렬한 충성을 일본에 바쳤다. 명성황후를 죽이고 고종을 폐위시키는 일의 최선두에 그가 있었다. 그러나 그 직후에 그는 여지없이 체면을 구기게 된다. 경무사(칙임관 2등)에 임명된 지 보름 뒤에 경시부감(칙임관 3등)으로 강등된 것이다. 경찰 조직의 1인자가 된 지 보름 만에 2인자인 부감(副監)으로 내려앉았다. 왜 그렇게 되었을까? 한일 합의를 통해 경찰행정이 개편되면서 일본인 마루야마 시게토시(丸山重俊)가 경시총감이 되고 조선인 구연수는 2인자로 내려앉음과 동시에 경무사라는 직함 자체가 없어져버렸기 때문이다.

이 사실은 대중잡지인 「삼천리」에 실렸는데[11], 거기에는 성격

---

[11] 「삼천리」 제6권 제8호(1934년 8월 1일)에는 "일한(日韓)경무합동이 성립하야 환산(丸山) 고문이 경시총감으로 취임하면서 구씨는 부감으로 내려앉고, 13년간 존재하든 경무사는 직명부터 없어졌으며"라고 쓰어 있다.

에 어울리지 않게 기적적으로 경무사가 된 그가 강등되는 과정도 묘사하고 있다. 경무사라면 염라대왕보다 무서운 존재 아닌가. 그런데, 기사는 구연수를 "거구광안(巨軀廣顏)에 양안(兩眼)이 돌출"한 야생적인 외모의 소유자로 묘사한다. 키도 크고 얼굴도 넓고 두 눈이 툭 튀어나온 외모에 비해 행동거지는 어린아이같이 순진하기도 하고 직선적이기도 하고 어느 정도는 친절했다고 평한다. 그러면서 그의 성격이 경무사에 어울리지 않았다고 지적한다. "비교적 선인이요 호인이던 그 사람이 염라왕 같은 경무사 된 것도 기적이거니와"라는 대목을 보면 정치적으로는 거친 일을 많이 했지만 인간적으로는 그런 일을 할 사람처럼 비치지 않았던 모양이다.

경찰의 1인자로 거들먹거렸던 기간이 보름밖에 되지 않고 2인자로 강등된 것도 구연수의 위신을 구기는 일이지만, 경무사 직함이 사라지고 일본식 제도가 들어선 것도 경무사인 그의 위신을 깎는 일이었다. 고종 황제 퇴위를 위해 맹렬히 활동하고 그 직후에는 친일파 보호를 위해 물불을 가리지 않고 경찰력을 동원했음에도 갑자기 일본인에게 자리를 뺏기고 강등됐다. '토사구팽'을 떠올리지 않을 수 없는 대목이다.

그러나 이런 수모에도 불구하고 일제에 대한 구연수의 충성심은 변치 않았다. 대한제국을 무너뜨리는 데 가담한 그는 1910년 국권침탈 뒤에 조선총독부 치안 간부로 근무하다가 3·1운동 4년 뒤인 1923년에 경무국 사무관(도지사급)으로 퇴직하고 1925년 5월 6일 죽을 때까지 중추원 참의(오늘날 국회의원)로 근무했다.

구연수는 국비 유학생으로 일본에서 공부한 뒤 조국의 등에 비수를 꽂았다. 조선의 관료 신분이었음에도 그는 명성황후를 시해하고 고종을 폐위시키는 일을 주저 없이 감행했다. 그의 친일은 일반 친일파도 쉽게 덤비지 못하는 '막가파식' 친일이었다.

02

왕의 포박령, 빚더미,
그리고 잃어버린 작위

일본으로 도주한 '중전 살해 4인방' 조희연의 굴곡진 친일 행적

이완용은 극도로 신중했다. 그는 처음에는 친미파였다. 그러다가 친미·친러 성향을 보였다. 오랫동안 그렇게 활동했던 그가 1905년 11월 17일 을사늑약이 성사되기 직전에 친일파로 전격 변신했다. 이토 히로부미가 늑약 강제를 목적으로 입국한 11월 9일 이후로 그는 상황을 주의 깊이 관찰하다가 결정적 순간에 친일파로 돌아서서 늑약 체결을 주도했다.

고종이 일본의 간섭을 피해 러시아공사관으로 거처를 옮긴 1896년 아관파천 이후였다. 주한일본공사 고무라 주타로(小村壽太郎)는 이완용을 두고 "갑이나 을 어느 쪽에나 투신할 여지가 있는 인물"이라고 평가했다. 지금은 친미파이자 친러파이지만 언제든

변신할 가능성이 있다고 전망했던 것이다. 이완용은 그 '언제든'의 시점을 최대한 신중하게 가늠하여 을사늑약 직전에 친일로 갈아탔다.

이완용보다 11년 빨랐다

그런 이완용과 달리, 상당히 일찌감치 친일로 직진한 이들이 있다. 조희연(趙羲淵)도 그런 사람 중 하나다. 조희연은 남작 작위를 받고 총독부 자문기관인 중추원 고문을 지냈으며, 한국 강점을 도운 공로로 은사공채와 한국병합기념장을 받은 친일반민족행위자이다.

철종 때인 1856년에 태어나 18세에 무과에 급제한 조희연은 훈련원과 기기국(무기 제조처) 등을 거쳐 평안도 희천군수와 경상도 창원부사 등을 지냈다. 그리고 동학혁명과 청일전쟁이 발발한 1894년부터 일찌감치 친일파로 두각을 나타냈다. 이완용보다 무려 11년이나 빨랐다.

1894년은 한반도 세력 판도의 일대 전환점이었다. 그해 2월 15일(음력 1.10) 동학농민군이 조선왕조 지배 질서에 맞서 떨쳐 일어났다. 동학군은 왕조에 타격은 줬지만 전복시키지는 못했다. 실리를 챙긴 쪽은 오히려 일본이었다. 일본은 자국민 보호를 명목으로 군대를 파견해 청나라의 영향력을 제거하고 조선을 장악했다. 1876년 강화도조약(조일수호조규) 이래 통상 방면에서 우위를 점했던 일본은 이때부터 정치·군사적 우위까지 행사했다.

일본군이 조선에 상륙한 날은 1894년 6월 9일이었다.[12] 일본군은 청나라군 상륙 나흘 뒤인 6월 9일에 인천항으로 상륙했다. 이때 파병 명분으로 자국민 보호를 내걸었던 일본군은 얼마 안 있어 본색을 드러냈다. 7월 23일에는 경복궁을 장악하더니 다시 이틀 뒤에는 청나라와 전쟁까지 일으켰다. 그리고 청일전쟁에서 승리한 일본은 조선과 중국의 사대관계를 끊어놓았다.

그런데 일본군이 상륙한 6월 9일 이전만 해도, 이 같은 상황 전개를 예측하기는 힘들었다. 1882년에 청나라가 군대를 보내 임오군란을 진압한 뒤로 조선에 대한 청나라의 영향력은 사상 최대로 커졌다. 1882년부터 1894년까지 청나라는 조선의 내정과 외교를 자기 나라 사무처럼 주물렀다. 1885년부터 이 내정간섭을 진두지휘한 위안스카이(원세개)는 국제사회에서 조선의 왕처럼 비쳤다. 이런 구도가 1894년 상반기까지 이어졌기 때문에, 그해 6월 9일 이전만 해도 일본이 청나라를 제치고 조선을 장악하리라고는 예상하기 어려웠다.

이런 상황에서 조희연은 이미 이날 이전부터 일본 쪽에 기우는 듯한 모습을 보였다. 동학군에 밀린 조선 정부가 청나라에 파병을 요청하려 하자 그는 이것을 강하게 반대했다. 역사학자 오연숙

---

[12] 일본군이 조선에 상륙한 날이 5월 6일로 적혀 있는 책들도 있지만, 5월 6일은 음력 날짜다.

에 따르면 "조희연은 청나라에 병사를 요청하는 것에 대하여 강력하게 이의를 제기하였다. … 청국군이 온다면 동아(東亞)의 소요를 야기시킬 뿐 아니라 열강의 간섭이 더욱 심해져 위기에 처하게 된다."는 이유를 내세웠다.[13]

그러나 조희연이 청나라 군대를 반대한 진짜 이유는 동아시아의 혼란과 열강의 간섭에 대한 우려가 아니었다. 그런 이유라면 일본군 주둔도 반대했어야 맞다. 그러나 그는 일본군은 적극 환영했다.

대원군 입궐을 주선하고 일본군을 응원하다

상륙한 일본군은 대뜸 경복궁을 점령했다. 조선 정부를 장악하기 위해서였다. 일본은 이 사건에 정당성을 부여하기 위해 흥선대원군 이하응을 끌어들였다. 임오군란 진압 이후로 정권에서 소외돼 있었던 대원군을 입궐시키는 모양새를 연출해 점령의 불법성을 은폐하려 했던 것이다. 그런 일본의 의도에 부응하여 발 빠르게 움직인 인물이 조희연이었다. 그는 일본을 위해 대원군 설득에 나섰다.

---

[13] 오연숙, '조희연: 일본군의 조선 침략에 앞장선 군부대신', 『친일파 99인』 제1권, 돌베개, 1993.

1900년 무렵 러시아 공사관.

"(7월 23일) 이날 대원군이 입궐을 주저하자 일본대사관 스기무라 후카시 서기관은 몰래 사람을 조희연에게 보내어 칙사를 대원군에게 보내어 속히 입궐하도록 하였다."[14]

상대국이 요청하지도 않았는데 멋대로 인천 상륙을 감행한 일본군은 조선 정부를 장악해 자기편으로 만든 뒤 청나라군과 전쟁을 벌이고 뒤이어 동학군을 진압했다. 조선 유사시에 자국민 보호를 명목으로 군대를 움직인 뒤, 당시 한반도 정세의 3대 주체

---

[14] 『동학학보』 2011년 제22호에 실린 강효숙 원광대 교수의 논문 '동학농민군 탄압 인물과 그 행적' 참조.

인 조선 정부-청나라군-동학군을 순차적으로 제압, 또는 제거했던 것이다.

이 과정에서 조희연은 두드러진 활약상을 보였다. 대원군 입궐을 성사시킨 것은 물론, 전투 현장을 찾아 일본군을 위문하기까지 했다. 오연숙의 기고문을 보자.[15]

> "일본이 충청도 앞바다에 있는 청국의 군함을 먼저 공격함으로써 청일전쟁이 일어나고 아산에서 청·일 양군이 접전하자, 조희연은 우범선·이두황·이범래 등을 선발대로 파송하여 일본군을 돕기도 하였다."

청일전쟁은 일본이 청나라를 몰아내고 조선을 장악하는 계기가 됐다. 그 순간 순간에 조희연이 맹활약을 했던 것이다. 조희연은 이 공로로 경복궁 점령 이후에 수립된 친일 내각에서 군무대신 자리를 받았다. 유사시 일본군의 조선 주둔을 도운 공로로 국방부 장관이 된 것이다.

조희연의 친일은 야만적인 방식으로도 표현됐다. 1895년 10월 8일 명성황후 민씨 시해에도 과감하게 관여했다. 구연수가 그랬듯이, 조희연 역시 을미사변 관련자였던 것이다. 이는 그가 일시

---

[15] 오연숙, '조희연: 일본군의 조선 침략에 앞장선 군무대신', 『친일파 99인』 제1권, 돌베개, 1993.

적으로나마 정치적 몰락을 겪는 원인이 됐다. '을미사변, 그 하루의 기록'이라는 논문을 읽어보자.[16]

> "당시 김홍집·유길준·조희연·정병하 등 정부 관료, 우범선과 이두황 등 훈련대 장교, 권동진·정난교·이주회 등 일본 사관학교 출신 등이 을미사변을 사전에 인지했고 적극적으로 가담했다."

고종은 구연수 같은 부류보다 조희연을 더 증오했다. 조희연이 중전 시해 사건에서 네 손가락 안에 꼽히는 역할을 했다고 고종은 판단했다. 위 논문은 이렇게 말한다.

> "고종은 을미사변에 가담한 한국의 주요 인물을 '김홍집, 유길준, 조희연, 정병하'라고 지목했다. 고종은 4명의 역적이 '외국 군사를 불러들이게 했으며 훈련한 부대를 몰래 사촉했다'고 주장했다. 왕세자도 외국 군사가 와서 호위한다는 거짓 조서를 22일에 정병하가 써서 강제로 반포했고, 조서는 모두 네 역적이 만든 것이다'고 주장했다."

---

[16] 김영수, '을미사변, 그 하루의 기록', 『이화사학연구』 39집, 2009.

고종의 포박령이 내려진 을미사변 관련자들 중 유길준(왼쪽)과 우범선(오른쪽).

을미사변 4개월 뒤인 1896년 2월 11일(음력 12.28), 고종은 을미사변으로 인해 한층 강해진 일본의 간섭과 억압에서 벗어나고자 러시아공사관으로 피신했다. 아관파천으로 비로소 일본의 간섭이 없는 공간에서 왕명을 발포할 수 있게 된 고종은 당일 즉시 조희연 등에 대한 응징에 착수했다. 그들에 대한 포박령을 내렸던 것이다. 『고종실록』에 따르면 고종은 "유길준·조희연·장박·권영진·이두황·우범선·이범래·이진호 등은 기일을 정해놓고 잡아오라."고 명했다.

고종의 포박령, 그러나 일본으로 도주하다

고종의 포박령으로 인해 조희연은 공공의 적이 됐다. 아관파천 당일에 총리대신 김홍집이 살해된 데서도 느낄 수 있듯이, 조희연이 길거리에서 누군가에게 피습을 당해도 아무도 동정하지 않을 상황이 조성됐다. 일본군의 청일전쟁 승리를 돕고 중전 시해에 관여한 일로 인해 그는 관군은 물론이고 대중의 공격을 언제, 어디서 받을지 몰라 불안에 떠는 처지가 됐다. 명예와 위신이 땅바닥으로 추락한 것은 물론이다.

그러나 조희연은 일본으로 달아나 목숨을 부지했다. 그러나 구연수가 그러했듯이, 조희연 역시 오랫동안 귀국하지 못했다. '중전 살해 4인방'으로 지목됐으니 죽지 않고서는 돌아올 수 없었다. 결국 그는 일본이 대한제국 외교권을 강탈한 뒤에야 귀국할 수 있었다. 그의 귀환 날짜는 1907년 8월 16일이다. 중전 시해에 대한 직접적 형벌은 아니지만 그 때문에 11년 반을 망명 생활을 해야 했다. 제국주의에 가담한 타격이 적지 않았던 셈이다.

조선이 피보호국이 된 뒤 망명 생활을 끝낸 그는 그 뒤로는 일본의 보호 하에 안정적인 삶을 살았다. 관료 겸 기업인으로 활동하다 1910년 국권 침탈 이후에 일본 남작이 되고 중추원 고문이 됐다. 일본으로부터 상당한 금전적 대가도 받았다. 1909년에는 일본 왕세자(황태자)가 주는 상금을 받았고 국권침탈 뒤에는 중추원(조선총독의 자문기구) 고문에 임명되어 1915년 4월까지 5년여 동안 매년 1,600원의 수당을 받았다. 일본 정부가 주는 은사공채 5만 원도 받았다.[17] 1910년부터 2년간 강원도 영월군수로 부역한 친

---

[17] 『친일인명사전』 제3권 조희연 편 참조.

일파 최양호의 연봉이 600원이었으니, 조희연이 받은 공채 5만 원은 상당한 거액이었다. 아직은 청나라가 강하다고 인식되던 1894년 상반기에 과감하게 일본군의 조선 주둔을 도운 대가로 그런 친일 재산을 축적했던 것이다.

빚더미에 앉고, 남작 작위도 빼앗기다

조희연의 친일 재산은 오래가지 못했다. 재산 문제는 그가 또 다른 굴욕을 당하는 원인이 됐다. 국권침탈 얼마 뒤부터 그는 불어나는 채무를 감당하지 못해고, 재산까지 압류당하는 지경에 빠졌다. 그래서 전 황제인 순종이 이 때문에 특별 하사금 2,500원을 내려주기까지 했다.[18] 조희연은 순종을 황제 자리에서 내쫓는 데 기여했다. 그런 인물이 염치없게도 순종의 돈을 받았던 것이다.

그러나 2,500원이라는 큰돈도 언 발에 오줌누기였는지, 조희연의 재정 상태는 전혀 좋아지지 않았다. 결국 귀족 작위도 잃었다. 『친일인명사전』은 "계속되는 채무로 재산을 탕진해 작위 유지가 어렵게 되자, 조선총독부는 체면 유지를 위해 작위를 반납하도록 종용"했다고 말한다. 결국 그는 죽기 두 달 전에 남작 작위를 반

---

[18] 1911년 8월 21일자 『순종실록 부록』 참조.

조선 귀족 사진. 1910년 일제에 나라를 팔아치운 친일 매국노들이 '한일 병합' 직후 일제의 초청을 받아 부부 동반으로 도쿄에 건너가 기념 촬영한 모습(1910.11.3). 이들 뒤로 일본 왕실을 상징하는 국화 문양이 보인다.

납했다. 일본 귀족의 체면을 유지하기 힘들 정도로 빚더미에 올라앉은 결과였다.

형식상으로는 작위 '반납'이지만 사실상 작위 '박탈'이었다. 그것은 일본의 독촉을 받은 결과였다. 금전적 이유에 기인한 것이기는 하지만, 자신이 충성을 바친 일본의 압력을 받고 작위를 빼앗긴 것은 친일파인 그의 입장에서는 굴욕이었을 것이다.

03

친일 총리,
길거리에서 맞아죽다

영화의 한 장면처럼 쓰러진 김홍집

"주상이 경복궁에 계셨다.(上在景福宮)"

- 을미년 12월 27일자 『비서원 일기』

"주상이 아국공사관에 머무셨다.(上駐俄國公使館)"

- 을미년 12월 28일자 『비서원 일기』

주상 비서실 일지인 을미년 12월의 『비서원 일기』는 고종의 상황을 이렇게 썼다. 고종이 경복궁에 있는 모습은 재(在)로, 러시아 공관에 있는 모습은 좌변에 마(馬)가 있는 주(駐)로 표시했다. 말을 타고 가서 머무는 곳은 오래 머물 데는 아니다. 러시아공사관은 고종이 일시적으로 몸을 피한 곳이었다.

1896년 2월 11일 새벽, 친일 내각을 더 이상 견디기 힘들었던 고종은 여성용 가마를 타고 경복궁 동문인 건춘문을 빠져나와 인근의 러시아공사관으로 피신했다. 그가 러시아공사관으로 몸을 옮긴 이날은 음력으로 을미년 12월 28일이다.

아관파천은 일시적 피신의 의미를 띠었지만, 이것의 의의는 이만저만 큰 것이 아니었다. 고종이 일본의 손아귀를 벗어나는 계기가 된 이 사건은 친일파에 대한 응징이라는 측면에서 독특한 위상을 갖는다. 이는 이 땅의 공권력이 친일파를 응징한 매우 드문 사례에 속한다. 정부수립 직후의 친일청산 기구인 국회 반민족행위특별조사위원회(반민특위)도 공권력을 동원해 응징을 가했지만, 반민특위는 일반적인 행정관청은 아니었다. 아관파천 때는 행정기구가 친일파 처단에 동원됐다. 이때 처벌을 받은 대표적 인물이 김홍집이다.

『조선책략』을 받아온 장본인

김홍집(金弘集)은 김굉집(金宏集)으로도 알려져 있다. 원래 이름은 김홍집이지만, 한동안 김굉집으로도 불리다가 나중에는 김홍집으로만 불렀다. 이 같은 변화는 19세기 후반의 국제적 역학관계를 반영한다. 그가 한동안 홍집 대신 굉집을 쓴 것은 청나라 건륭제(청고종) 때문이다. 건륭제의 이름은 한자로 애신각라홍력(愛新覺羅弘曆)이다. 조선이 청나라에 사대하는 동안에는 청나라 황제의 이름을 함부로 쓸 수 없었다. 김홍집이 한동안 김굉집이란 이름을 쓴 것은 그 때문이다. 나중에 김굉집이란 이름을 쓸 필요가 없어진 것은 1894년 청일전쟁 패배로 청나라의 영향력이 제거됐기 때문이다.[19]

외교적 충돌을 빚을 만한 이름을 가진 김홍집은 23세 때인 1867년에 과거급제를 하고 여러 부서에서 두루 근무하다가 1880년부터 외교무대에 투입됐다. 이해에 그는 수신사(修信使)가 되어 일본을 방문했다. 이 방문의 결과로 그가 받아온 것이 주일청국 참찬관인 황쭌셴(황준헌)의 『조선책략』이다. 그는 이 소논문을 받아와 고종에게 제출했다.

『조선책략』의 주제는 조선이 러시아의 침략을 막으려면 친중·결일·연미를 해야 한다는 것이었다. 중국과 친하고 일본과 결합하며 미국과 연대해야 조선이 살 수 있다는 『조선책략』은 고종의 마음을 사로잡았다. 아버지 흥선대원군의 정책을 뒤집는 방향으

---

[19] 애신각라는 '금씨' 또는 '김씨'다. 만주족은 청태조 누르하치에 의해 재조직된 여진족의 새로운 이름이다. 이 여진이 세운 세계적 국가가 금나라와 청나라다. 여진족 금나라의 역사를 다룬 『금사』는 "금나라 시조는 김함보라고 불린다."라며 "고려에서 왔다."고 기술한다. 이 내용은 청나라 정부가 편찬한 『만주원류고』에도 나온다. 김함보는 말갈족에 들어가 이 종족을 여진족으로 재편했다. 이 때문에 그는 훗날 금나라 시조황제로 추증됐다. 청나라 황실이 금씨 또는 김씨 성을 쓴 것은 김함보 때문이다. 이런 기원에 따라 건륭제는 금씨홍력 또는 김씨홍력이라는 이름을 쓰게 됐다.

로 국정을 운영하는 그는 외세를 끌어들이는 일에 관심을 갖고 있었다. 아버지처럼 빗장을 걸어 잠그고 외세를 막기보다는 외세를 안마당으로 끌어들여 자기들끼리 경쟁을 하도록 만들면 어느 한 국가도 조선의 독립을 위협할 수 없으리라는 게 그의 판단이었다. 청나라·일본·미국을 한꺼번에 끌어들여야 한다는 내용은 그런 고종의 대외전략을 정당화시켜주는 것이었다.

고종은 『조선책략』을 명분으로 1882년부터 미국·영국·독일 등을 끌어들였고, 이는 갑작스런 상황 변화에 놀란 유림들 사이에서 김홍집에 대한 비판을 확산시키는 원인이 됐다. 『조선책략』을 가져와 바친 김홍집은 서양과의 통교에 앞장선 장본인으로 대중들에게 낙인찍혔다. 이는 김홍집이 조선 대중들에게는 좋지 않은 이미지로, 일본 정부에는 좋은 이미지로 비치는 요인으로 작용했다. 또, 청일전쟁 이후에 김홍집 내각이 거듭거듭 출범하는 데도 영향을 끼쳤다.

4차에 걸친 김홍집 내각

동학혁명 와중인 1894년 7월 23일(음력 6.21), 일본군이 경복궁에 침입했다. 동학군을 진압하고 자국민을 보호하겠다며 6월 9일(음 5.6)에 인천 상륙을 감행한 일본군은 전봉준이 아닌 고종부터 제압하고 뒤이어 청나라를 꺾었다. 그런 뒤 맨 마지막에 동학군을 본격적으로 상대했다. 그러는 동안 김홍집 내각이 한국 근대사에

김홍집.

등장했다. 그해 하반기에 출범한 1차와 2차 김홍집 내각은 갑오경장(갑오개혁)이라는 산물을 만들어냈다. 갑오개혁의 1차적 목적은 일본의 한국 침투를 위한 제도적 기반을 닦는 것이었다.

김홍집 내각은 1895년 8월 24일 출범한 제3차 때는 친일이 아닌 친러시아 성격을 띠었다. 청일전쟁 이후의 세계 정세 변동에 따른 일시적인 돌연변이가 제3차 김홍집 내각이었다.

그러나 제3차 김홍집 내각은 두 달도 채 지나지 않아 10월 8일의 명성황후 시해(을미사변)로 인해 붕괴되고 만다. 그리고 새로 출범한 제4차 내각은 이전처럼 친일 내각이었다. 그렇게 등장한 제4차 내각을 붕괴시킨 것이 아관파천이다. 1894년 8월 15일에 최초로 출범한 김홍집 내각은 제3차를 제외한 나머지 대부분의 시간을 친일 내각으로 보냈다. 러시아의 힘을 끌어들이는 아관파천은 그렇게 친일 노선을 걷던 김홍집 내각에 대한 조선 사회의 평가를 반영하는 것이었다.

순검에 체포되었으나 길거리에서 맞아죽다

고종은 러시아공사관에 들어간 당일에 개각을 단행했다. 『비서원 일기』에 따르면, 이날 고종은 김홍집·김윤식·어윤중·유길준·조희연·장박·정병하 등을 경질하고 김병시·박정양·윤용구·이완용·이윤용·이재순 등을 기용했다. 이날의 개각은 정권교체의 성격을 띠었다. 이는 총리대신 김홍집을 포함한 친일 내각에 대한 인적 청산을 의미했다. 이런 조치에 대중은 폭발적인 지지를 보냈다.

고종은 김홍집 등을 해임하면서 포박령도 내렸다. 이로 인해 그야말로 영화의 한 장면처럼 극적인 장면들이 연출됐다. 왕명에 따라 순검이 그를 체포했지만, 그를 관아로 끌고 가지는 못했다. 관아로 가는 도중에 뜻밖의 일이 벌어졌기 때문이다. 순검에 의해 끌려가는 그를 도중에 가로챈 이들이 있었다. 거리의 민중들이었다. 양력으로 고종 33년 2월 11일자 『고종실록』에 따르면, 김홍집은 "민중에 의해 살해됐다." 송치 도중에 길거리에서 맞아 죽었던 것이다.

파멸은 김홍집 한 사람에게 국한되지 않았다. 김홍집 내각 자체가 동일한 운명에 처해졌다. 농상공부대신 정병하 역시 길거리에서 죽음을 당했다. 권영진·유길준·이진호·우범선·장박·조희연 등은 일본으로 달아났다. 친일 내각 전체에 대한 대중의 불만이 그 정도로 무섭게 표출됐던 것이다. 이 사건은 친일파 처단에 대해 민중과 정부가 일치된 모습을 보인 매우 드문 사례다.

갑오경장은 현대 한국인들에게 그다지 나쁜 느낌을 주지 않는다. 이를 갑오개혁으로 지칭하는 학자들의 태도에서도 그것을 느낄 수 있다. 새롭게 한다는 의미인 경장(更張)도 긍정적 뉘앙스를 풍기지만, 좋은 어감을 주는 개혁이라는 단어를 붙이는 학자들이 존재하는 것은 갑오경장에 대한 대중의 인식이 그렇게 나쁘지 않기 때문이다.

하지만 그 같은 인식은 엄연한 역사적 사실에 배치된다. 갑오경장은 긍정적 측면도 있었지만 실상은 일본의 지배에 유리한 제도 개편을 위한 것이었다. 청나라와의 조약을 폐지한 것은 당연히 일본의 영향력 강화를 겨냥한 포석이었다. 궁중 사무와 조정 사무를 분리시킨 것은 조정에 대한 고종의 영향력을 약화시키기 위한 것이었다. 내시부를 약화시킨 것 역시 임금의 힘을 떨어트리기 위한 것이었다. 이는 임금이 수족처럼 부릴 수 있는 인적 자원을 약화시키는 조치였다.

이처럼 일본의 지배력을 높이는 조치였기 때문에 당시 사람들 눈에 갑오경장이 곱게 비칠 리 없었다. 그런 갑오경장을 주도한 친일파가 김홍집이었다. 그는 그 뒤 더욱 강화될 일본의 침략에 필요한 제도적 기반을 깔아준 인물이다. 일제 침략의 역사에서 김홍집의 역할은 매우 획기적이었다. 아관파천 직후에 관민이 일치단결해 그를 응징한 것은 친일 내각과 갑오경장에 대한 당대의 인식을 반영한다.

04

오적암살단의 육혈포가
불을 뿜었지만…

일제에 오래오래 충성했지만 아우에게 의절당한 권중현

"이완용과 박제순, 이지용, 이근택, 권중현 등 다섯 사람은 일제히 모두 가(可)를 썼다."[20]

'을사오적'의 한 명인 권중현은 압도적인 친일 아이콘인 이완용, 박제순에 가려 비중이 낮아 보인다. 하지만 일본이 볼 때는 가성비가 꽤 높은 친일파였다. 그의 팔십 생은 을사늑약을 위한 사전 서비스와 사후 서비스로 나눠진다.

---

[20] 조선 말년의 역사서인 정교(1856~1925)의 『대한계년사(大韓季年史)』 참조.

철종 때인 1854년에 지금의 충북 영동군에서 출생한 그의 첫 관직은 부산감리서(동래감리서) 서기관이다. 29세 나이로 일본과 가까운 지역에서 개항장 사무를 처리하게 된 그는 그 뒤 주로 대일 사무에서 경력을 쌓았다.[21]

1882년부터 1894년까지인 청나라 내정간섭기에도 친일 성향의 사람들이 있었다. 그런데 이 12년간의 친일은 우리가 흔히 말하는 친일과 성격을 달리한다. 이 기간의 친일은 '매국' 개념과 거리가 멀었다. 매국노로 불릴 만한 친일파는 일본군이 경복궁을 점령한 1894년 7월 23일 이후에 출현했다. 그 이전인 1884년에 일본군의 힘을 빌려 갑신정변을 일으킨 김옥균을 그런 유형의 친일파로 분류하기는 힘들다. 김옥균의 거사는 청나라의 내정간섭을 무너트리기 위한 것이었다.

'친일파=매국노' 공식을 대입할 수 없는 시기부터 권중현은 일본과 깊은 관계를 맺었지만 1894년까지의 행적은 친일 행위로 분류할 수 없다. 그러나 그 후의 행적은 180도 다르다. 일본이 내정간섭을 개시한 그해에 그는 '일본 라인'으로 두각을 나타냈다. 일본의 군사적 침략이 본격화된 시점에 본색을 드러냈던 것이다.

---

[21] 권중현은 1885년에는 대외관계를 처리하는 통리교섭통상사무아문의 주사가 됐고, 3년 뒤에는 일본을 시찰할 기회를 갖게 됐다. 1890년에 전보국 주사로 옮긴 그는 청나라 상인들의 세력이 강한 인천항의 방판(幇辦)이 됐다. 여기서 2인자 역할을 하다가 얼마 안 있어 일본으로 건너가 주일공사관 서기관이 되고 판사(辦事)가 됐다.

일본의 강압하에 갑오개혁이 진행되던 그 시기의 권중현은 "당시 개화파 정권에 참여한 인물 중에서도 특히 일본공사관의 신임이 두터운 이른바 왜당(倭黨)으로 알려져 있었다."[22]

일본공사관과 친밀한 왜당으로 분류된 권중현은 오늘날 우리의 눈에 의외로 비칠 수 있는 활동에도 참여했다. 독립협회 활동을 한 것이다.[23] 이 시기는 청나라가 물러간 뒤이기는 하지만, 아직은 청나라에 맞선 자주독립의 의미가 많이 강조될 때였다. 그런 의미의 자주독립을 돕겠다고 일본이 공식적으로 표방하던 시점이었다. 그래서 왜당 권중현의 독립협회 활동이 이 시기에는 아주 이상하게 비치지 않았다.

청나라가 물러나고 일본이 강해지는 정세 속에서 그는 장관급으로 올라섰다. 1898년에 농상공부대신이 된 것을 시작으로 법부대신·군부대신 등을 지냈다. 벼슬이 높아지면서 그는 더욱 과감하게 친일의 길로 내달렸다. 1904년 러일전쟁 발발 직후 일본 정부로부터 훈1등 욱일장을 받은 그는 러시아와 싸우는 일본군을 응원하기 위해 만주 시찰에 나섰다. 한반도 주변에서 러시아

---

[22] 서영희, '권중현: 친일로 한평생 걸은 대세영합론자', 『친일파 99인 1』, 반민족문제연구소, 1993.

[23] 『친일인명사전』 제1권 권중현 편은 청일전쟁 2년 뒤인 1896년 상황을 기술하는 대목에서 "7월 독립협회 발기인으로 참여하고, 10월 독립협회 위원에 선출되었다."고 말한다.

가 약해지면 일본의 입김이 강해질 수밖에 없었다. 그래서 권중현의 만주 시찰과 일본군 응원은 한국의 멸망을 재촉하는 것과 다르지 않았다. 을사늑약 이전부터 한국의 멸망을 부채질했던 것이다. 그리고, 1905년 11월 17일에 권중현은 늑약 문서에 '가(可)'를 표기함으로써 역사에 길이 남을 역적인 을사오적이 되었다.

권중현에게는 2살 아래의 아우가 있었다. 1895년에 39세 나이로 법부주사가 되면서 관직에 진출한 권중면(1856~1936)이 바로 그다. 을사늑약은 두 형제가 연을 끊고 남남으로 갈라서는 계기가 됐다. "권중면은 형에게 편지를 보내 의리를 들어 논박한 다음 형제의 의를 끊고 더 이상은 국사에 관여하지 않았다."[24]

을사늑약 당시 진도군수였던 권중면은 1907년에 능주군수로 복귀했지만, 그해에 정미칠조약이 체결되자 칩거에 들어갔다. 경술국치 뒤에는 아예 고향 영동으로 낙향해버렸다. 그 후 권중면은 계룡산 끝자락에서 서당을 열었다고 한다. 나라를 팔아 정치적으로 승승장구했던 형 권중현과 달리 동생 권중면은 조선의 선비로서 세상에 부끄럽지 않은 삶을 선택했다.

---

[24] 『유학연구』 2017년 제38집에 실린 이영자 충남대 유학연구소 실장의 논문 '근현대 충청유림의 유학정신과 위상' 참조.

'외교상의 한 가지 문제'를 왜 잠시 이웃 나라에 맡기나

오늘날의 친일 뉴라이트들은 대일 굴욕외교를 비판하는 세력을 '시야가 좁고 미래를 못 보는 사람들'로 폄훼한다. 그러나 황제비서실 일지인 1905년 11월 20일자 『비서감 일기』는 권중현을 비롯한 을사오적이 바로 그런 논리를 구사했음을 보여준다. 이 기록은 "학부대신 이완용, 참정대신 박제순, 내부대신 이지용, 농상공부대신 권중현, 군부대신 이근택이 상소"했다면서 상소문에서 이들이 자신들을 비판하는 세력을 이렇게 비난했다고 알려준다.

> "저들은 국가가 이미 망했고 종묘사직이 이미 사라졌으며 백성들은 노예가 되고 강토는 남의 땅이 되었다고 생각하고 있습니다. 이렇게 이치에 닿지도 않은 말이 한두 가지가 아니니, 저들이 과연 새 조약의 귀추를 이해할 수 있겠습니까?"

새로운 조약으로 인해 전개될 일들을 저들이 과연 이해할 수 있겠느냐고 고종에게 물었다. 봉황의 뜻을 참새들이 어찌 알겠느냐는 식으로 왕 앞에서 대놓고 비아냥거렸던 것이다.

뉴라이트들은 일본과 외교적 연대를 강화하고 군사협력을 벌이는 것이 대수롭지 않다는 듯이 선전한다. 권중현을 필두로 한 을사오적도 그러했다. "새 조약의 주된 취지에 대해 말하자면, 독립이라는 칭호가 바뀌지 않았고 제국이라는 명칭도 그대로이며 종

묘사직은 안녕하고 황실도 존엄합니다."라며 "다만 외교상의 한 가지 문제만 잠시 이웃 나라에 맡긴 것인데, 우리가 부강해지면 되찾을 날이 있을 것입니다."라는 게 그들의 말이었다. 나라의 근간인 외교권을 넘기면서도, 을사늑약 문면에 "제국", "한국 황제 폐하" 같은 표현이 있는 것을 근거로 별일 아닌 일이라는 듯이 위장했던 것이다.

"역적은 네 죄를 알렷다!", 육혈포가 불을 뿜었지만…

외교권을 팔아넘기고도 뻔뻔하게 행동하는 권중현을 세상 사람들은 곱게 지켜보고만 있지 않았다. 세상은 그에게 생명 위협과 더불어 굴욕감을 안겨줬다. 『친일파 99인』은 1907년에 지금의 서울 인사동에서 을사오적 암살단이 벌인 일을 이렇게 묘사한다.

> "양복을 차려 입은 권중현이 인력거를 타고, 일본 병정 및 순사 6~7명은 총칼을 들고 그를 둘러싼 채 지나가고 있었다. 이홍래가 용기 있게 앞을 가로막고 권중현의 어깨를 잡고서 '역적은 네 죄를 알렸다'라고 꾸짖으며 협대(夾袋)에 간직한 육혈포를 찾았다. 그러나 불행히도 육혈포가 제때에 나오지 않았다. 권중현의 하인들이 일제히 이홍래를 붙잡았다. 그러자 동지 강원상이 육혈포를 꺼내 권중현을 행해 쏘았으나, 권중현은 급히 피하여 길가의 민가로 들어가 문을 닫고 몸을 숨겼다. 강원

상이 또 한 발을 쏘았으나 문이 닫혀 있어 맞지 않았다."[25]

을사오적 암살을 위해 결성된 단체는 하나가 아니었다. 이홍래와 강원상이 소속된 을사오적 암살단은 1907년 2월 3일에 조직된 자신회(自新會)였다. 국가보훈부의 『독립운동사 제7권: 의열투쟁사』는 1909년에 대종교를 창시한 나철(나인영)의 독립운동을 서술하는 대목에서 "장사를 모집하고 총기를 사들이게 되었다."라며 "동지들의 일심 단합을 위하여 자신회를 조직"했다고 말한다. 이 자신회의 행동대원들이 인사동에서 권중현을 습격했던 것이다.

당시 권중현의 개인 측근들과 일본 군경 예닐곱 명이 옆에서 무장 호위를 하고 있었다. 그런 상황에서도 항일운동가들이 그의 목숨을 거두겠다며 달려들었다. 대중의 증오심이 어떠했는가를 보여주는 장면이다.

이 사건은 그 이후에 벌어진 일 때문에 더욱 강한 감동을 줬다. 권중현을 제대로 응징하지 못한 나철 등은 의거를 재차 시도했지만, 계획이 탄로나 관계자들이 검속되는 등 어려움을 겪었다. 그러자 나철 등은 당당히 자수하면서 서면을 제출했다. 이번 일의 책임은 정부의 간신배들에게 있다는 내용이었다. 당당히 자수한 것은 그만큼 자신감이 있었기 때문이다. 이런 모습은 세상을 또

---

[25] 서영희, '권중현: 친일로 한평생 걸은 대세영합론자', 『친일파 99인』 제1권에서 인용.

권중현.

다시 놀라게 만들었다. 그들이 경무청으로 호송될 때는 많은 사람들이 거리로 몰려나와 그들의 모습을 지켜봤다고 한다. 이들은 경무청 조사나 법정 심문에도 당당히 임했다. 하지만 중형을 받았다. 대중은 이들을 지지했지만 정권은 일제와 을사오적의 손아귀에 있었다.

그날 권중현은 생명의 위협으로부터는 달아났지만 공포심으로부터는 달아나지 못했다. 낮이고 밤이고 두려움이 그를 떠나지 않았다. 인사동에서 생명의 위협을 당한 두 달 뒤인 5월, 그는 추풍령으로 향했다. 충북과 경북이 만나는 곳으로 거처를 옮겼다. 윗글은 "관직을 물러나 모든 가족을 이끌고 추풍령 아래 산간마을 영동으로 퇴거하였다."고 알려준다. 그러면서 "사람들은 그가 이제 일체 정계에 욕심이 없는가 보다 하고 생각"했다고 기술한다. 인사동에서 죽을 뻔했던 사람이 추풍령 쪽으로 간다고 하니 다들 그런 생각을 했던 모양이다. 그러나 권중현의 은둔 생활은 짧았다. 다음 달인 6월에 중추원 고문에 임명되어 세상 밖으로 나왔고, 일본박람회 시찰도 떠났다.

권중현이 을사늑약 후폭풍을 당하기만 했던 것은 아니다. 인사동 사건이 있기 전에는 그런 흐름에 맞서기도 했다. 1906년 11월에는 군부대신 자격으로 의병 진압 부대를 각지에 파견했다. 을사늑약 이전에는 일본군을 응원하고 을사늑약 이후에는 의병을 진압했던 것이다. 애프터 서비스에도 충실했던 셈이다.

1910년에 대한제국을 병탄한 일본은 권중현의 공로를 치하해 자작 작위를 수여하고 은사공채 5만 원을 지급했다. 이 금액을 원금으로 넣어두고 연리 5% 이자를 수령할 권리를 준 것이다. 1911년 4월 8일 제정된 헌병보조원 규정에 의하면, 당시 한국인 헌병보조원의 월급은 7원에서 16원이었다. 헌병보조원 3,125명 내지 7,143명치 월급에 해당하는 은사공채가 그의 손에 쥐어진 것이다.

인사동에서 당한 굴욕은 권중현에게 죽음의 공포를 안겨줬지만, 그는 반성하거나 성찰하지 않았다. 그는 중추원 고문직을 1910년부터 1920년까지 역임했다. 연봉은 1,600원이었다. 역사 교과서 왜곡을 위한 조선사편수회에도 가담했다.

권중현은 을사오적 가운데 가장 늦게까지 살아남은 사람이기도 하다. 박제순은 1916년에 죽고, 이근택은 1919년에, 이완용은

1926년에, 이지용은 1928년에 죽었다. 권중현이 죽은 해는 1934년이었다. 죽기 전까지 중추원 고문이었으니, 을사오적 중에서 가장 오래오래 일제에 충실하게 애프터 서비스를 해준 셈이다.

05

두 번의 암살 시도,
그러나 그의 명줄은 길었다

몸종과 취객에게까지 봉변당하고 암살 시도에 벌벌 떨었던 을사오적 이근택

제1장 머리말에서 을사오적 이근택(1865~1919)이 며느리의 몸종에게 욕설과 모욕을 당한 일을 소개했다. 이근택은 낯선 사람으로부터도 인상적인 방법으로 봉변을 당했다. 『매천야록』에 기록된 것을 보면 어느 취객이 그에게 봉변을 선사했다.

『매천야록』에 따르면 이근택은 오적 중에서 가장 교활하고 악랄한 인간이었다. 그는 하세가와 요시미치(長谷川好道)와 의형제를 맺었고 이토 히로부미의 양아들이 되었다. 양복을 입고 일본 신을 신고 일본 자동차를 타고 다녔다. 바깥 출입을 할 때는 일본군 병사들의 호위를 받았다.

하세가와와는 을사오적 이지용의 부인인 이옥경의 혀를 깨물어 한양에 「작설가」를 유행시킨 망신살의 장본인이다. 바로 그 하세가와 요시미치의 한국인 의형제가 이근택이다. 이토 히로부미의 양녀·양자는 한둘이 아니지만, 이근택은 거기에도 이름을 올렸다. 을사늑약 당시의 한국주차군 사령관이자 훗날의 조선 총독과 의형제를 맺고, 당시의 한국통감인 이토 히로부미의 양자가 된 것만으로도 그가 얼마나 한국인들에게 미움을 받았을지 짐작할 수 있다.

그런 그에게 술 취한 사람이 접근했다. 을사늑약 뒤의 일이다. 『매천야록』에 따르면, 취객이 그의 행차를 가로막았다. 취객은 이근택의 차를 세우더니 눈으로 흘겨보면서 조롱의 말을 던졌다. 취객은 "나는 왜놈인가 했더니 이근택이로군."이라고 말을 걸었다. 그러더니 "오적의 괴수로서 그 영화가 이것에 지나지 않는가?"라고 비웃었다.

격노한 이근택은 그를 포박해 경찰서로 보냈다. 이 일은 이것으로 끝나지 않았다. 취객은 경찰서에서 고문을 당했다.『매천야록』은 "악형"이란 표현을 썼다. 그런 지독한 고문을 받고 몇 번이나 기절했던 취객은 한밤중에 깨어나더니 비장한 자세로 유언을 남겼다. "네놈은 반드시 나를 죽일 것이다. 나 또한 명백히 욕질을 하였으니 죽어도 통쾌하다. 저들의 손에 죽느니 스스로 죽자." 하고 자신의 옷을 찢어서 목을 매어 자결해버렸다.

취객은 마지막 순간까지도 이근택 따위의 인간에게 지지 않으려 했다. 술에 취해 벌인 일이라며 후회하거나 사과하지도 않았다. 을사오적들이 얼마나 격렬한 대중적 증오에 직면했는지를 보여주는 장면이다. 을사늑약의 해로부터 육십갑자가 두 번이나 지난 지금까지도 한국인들이 을사오적을 증오하는 이유를 이 취객의 모습이 설명해준다.

처음엔 명성황후에게 잘 보였다

1865년에 충주에서 태어난 이근택이 역사 무대에 등장한 계기는 1882년 임오군란이다. 명성황후가 한양 시민군의 추격을 피해 충주로 피신한 일이 17살 소년 이근택의 인생을 바꿔놓았다. 구식 군인들이 섞인 한양 시민군의 봉기로 약 1개월간 고종의 왕권이 정지되고 중전 민씨가 충주에서 숨어 지낸 일이 이근택의 역사무대 등장을 가능케 했다.

이근택은 매일 신선한 생선을 중전 민씨에게 갖다 바친 공으로 민씨가 환궁한 뒤 1883년에 남행선전관으로 임명되었다.[26] 중전의 신임을 배경으로 무관의 길을 걸은 이근택은 대한제국이 선포(1897.10.12)된 뒤에는 고종의 관심을 끌어 또 한 번의 도약을 이뤘다. 1895년에 시해된 중전의 유품을 일본 상점에서 우연히 발견한 그는 거액을 주고 구입해 고종 황제에게 갖다 바쳤다.

---

[26] 『내일을 여는 역사』 2005년 제19호에 수록된 오연숙 서울대 연구원의 기고문 '이근택, 기회주의적 처세술의 화신' 참조.

이로써 황제의 신임을 얻은 그는 경찰과 군사 부문의 핵심 실세로 떠올랐다. 그런 방법으로 정치적 비중이 높아진 그를 일본이 집중 공략했다. 일본은 그를 친일파로 만들고 을사늑약에 찬성하게 만들었던 것이다.

기산도의 이근택 암살 작전, 칼에 찔려 중상을 입다

을사오적 이근택은 지속적으로 암살 위협에 시달렸다. 1906년 2월에 이근택은 기산도·이근철 등의 공격으로 중상을 입고 여러 날 치료를 받았다. 이 사건을 좀 더 자세히 들여다보자.[27]

늑약 당시 기산도(1878~1928)는 27세의 전직 기독교학교 교사였다. 늑약 체결 바로 다음 날인 1905년 11월 18일, 그는 을사오적을 처단할 결사대를 조직하고 권총 세 정과 단도 네 자루를 준비했다. 그런 뒤 오적의 동향을 정탐했다. 그러나 경찰에 발각돼 그를 비롯한 동지 전원이 연행됐다.

그 때문에 감옥에 갇혔다가 풀려난 기산도는 포기하지 않고 다시 이근택 암살 작전에 착수했다. 1906년 2월 17일 새벽 1시가 넘은 시각, 기산도는 동지 두 명과 함께 이근택의 집에 침입했다. 그는 촛불 빛이 새어나오는 이근택의 방에 들어갔다. 방에는 이근택

---

[27] 국가보훈부의 『독립유공자공훈록』 제8권 기산도 편 참조.

의 첩도 있었다. 기산도를 포함한 세 명의 항일투사는 이근택을 마구 찔렀다. 이근택은 온힘을 다해 촛불을 껐다. 깜깜해진 이 상황에서도 항일투사들은 계속해서 이근택을 찔러 중상을 입혔다. 그 집을 호위하던 최소 10인 이상의 병력이 뛰어들지 않았다면 그날이 이근택의 제삿날이 됐을 것이다. 기산도와 동지들은 거사를 마치고 새벽 2시경에 그 집을 빠져나왔다. 그러나 현장에 떨어진 변장용 가발이 단서가 되어 그와 동지 1명이 경찰에 체포되어 모진 고문과 악형을 받았다.

2년 반의 징역형을 살고 출옥한 기산도는 3·1운동 이듬해에도 경찰에 붙들렸다. 이때는 동지를 규합하는 단계에서 발각돼 징역 3년을 선고받고 복역했다. 이때 받은 극심한 고문 때문에 다리를 상해 절름발이가 된 채로 출옥한 그는 이곳저곳 유랑하다가 전남 장흥에서 병사했다. 글 읽는 유생에서 의열 투쟁과 의병 항쟁의 길을 걸었던 의로운 조선 선비의 최후는 비참하고 의연했다.

이근택은 다른 항일투사들에게도 표적이 됐다. 나철이 주도하는 오적암살단도 이근택의 목숨을 노렸다. 『친일인명사전』에 따르면 이근택은 나철·오기호 등이 주도한 을사오적 척살 계획의 척살 대상자로 지목되었지만, 아쉽게도 그 계획은 실행에 옮겨지지 못했다.

을사늑약으로 인해 이근택의 집도 수난을 당했다. 『매천야록』에 따르면 분노한 민중이 그의 집을 불태워버렸고, 이 때문에 그와 이완용 등이 송병준의 집으로 몸을 피했다. 송병준의 집은 서

진고개 전경. 1911년 무렵에 남산에서 명동 쪽을 찍은 사진이다. 중앙에 하얀 건물이 명동성당이다. 일본인은 주로 명동성당 남쪽에 모여 살았다. 진고개는 예전에 남산골이라 불렸으나 일제 강점 이후 혼마치로 이름이 바뀌고 일본인 상점이 즐비하게 들어섰다.

울 남산 밑의 진고개에 있었다. 이곳에는 일본인 타운이 형성돼 있었다. 이곳에 가서야 이근택은 마음 놓고 숨을 쉴 수 있었던 것이다.

06

새를 잡았으니
활은 꺼져라?

대한제국 군대해산에 이바지한 '친일 2관왕' 고영희의 굴욕

1904년에 일본이 도발하여 러일전쟁이 일어났다. 그해 2월 6일에 선전포고하고 이틀 뒤 개전한 일본은 23일 대한제국을 상대로 한일의정서 체결을 강요했다.

한일의정서 제4조는 다음과 같다.

"제3국의 침해 혹은 내란으로 인해 대한제국 황실의 안녕과 영토 보전에 위험이 있을 경우, 대일본제국 정부는 속히 임기응변의 필요한 조치를 행할 수 있다. … 대한제국 정부는 대일본제국 정부가 행동하기에 용이하도록 충분히 편의를 제공한다. … 일본이 한국인들의 토지를 수용해 군사전략적 거점을 만

들 수 있다."

한일의정서의 체결로 일본군이 한국에 들어오고 한국인들의 땅도 수용할 수 있게 되었다. 이로 인한 토지수용 때문에 터전을 잃은 사람들이 지금의 서울 용산에 거주했던 서민층이다. 임오군란 때 청나라군이 진주한 이래로 이곳은 주한외국군들의 단골 점령지가 됐다.

한일의정서로 본격화된 군사협력은 1905년 을사늑약에 의한 외교권 상실로 이어지고 1907년 한일신협약(정미칠조약)에 의한 군대해산으로 연결됐다.

일본과의 군사협력이 한국의 목줄을 조여드는 과정에서 핵심 역할을 수행한 친일파들이 있다. 그중 하나가 주일공사를 두 번 역임한 고영희. 한일신협약 체결의 주역이자 이완용·송병준·조중응·이병무·이재곤·임선준와 함께 '정미칠적'으로 대중의 공분을 한 몸에 받은 인물이다. 고영희는 정미칠적에 더해 경술국적으로도 활약했다. 1910년 국권침탈에도 결정적 역할을 한 '친일 2관왕'인 것이다.

수신사 통역도 맡았던 일본어 능력자

철종이 즉위한 해인 1849년에 태어난 고영희는 일본어에 소질이 있었다. 18세에 역과 시험 왜학에 급제했고, 27세에 수신사 김

수신사 수행원 당시의 고영희.

기수 일행의 통역을 맡아 일본을 시찰했다. 그 뒤 군수나 현감 같은 관직도 역임했지만, 주로 일본 관련 사무를 담당했다.

그의 관료 생활이 한 단계 도약한 해는 일본이 청일전쟁과 동학혁명 진압 전쟁을 일으킨 이듬해인 1895년이었다. 청일전쟁의 결과 시모노세키조약이 체결된 지 8일이 지난 그해 4월 25일(음력 4.1)에 고영희는 학부협판(차관급)이 됐다. 그런 뒤 그해에 주일특명전권공사가 됐다.

고영희가 대신 반열에 오른 것은 을사늑약 이후인 1907년이다. 58세 때인 그해 5월에 이완용 내각의 탁지부대신으로 기용됐다. 을사늑약 당시에는 차관급이라 을사오적에 끼고 싶어도 낄 수 없었던 그는 장관급이 된 그해 7월에 결정적 한 방을 날렸다. 그의 한 방은 1904년부터 진행된 한·일 군사협력이 대한제국 군대해산으로 귀결되는 데 기여했다.

  1907년 7월 18일에 고종이 일본과 친일파들의 압력으로 퇴위하고 다음 날 순종이 황좌에 앉았다. 24일에는 한일신협약이 체결되고, 말일에는 군대가 강제 해산됐다. 상황은 글자 그대로 일사천리로 진행되었다. 한일신협약으로 이토 히로부미(한국통감)의 대한제국 국정과 인사권에 대한 권한이 확대되었고 협약의 부속 각서에는 대한제국 군대의 해산이 규정되었다. 이 과정에서 고영희는 핵심적인 역할을 담당했다.

> "고종황제가 일제에 의해 강제퇴위당하고 7월 24일 한일신협약 체결로 이른바 차관정치가 실시되고 대한제국 군대가 강제해산 당해 국권이 침해되고 있었던 상황에서 고영희는 탁지부대신으로 고종황제 퇴위와 순종황제로의 황제권 강제 양위 과정에 참여하였으며, 이 조약 체결에 찬동하였다."[28]

일이 끝나자 대신 직함을 빼앗기다

  오늘날 '2+2회담'이란 용어가 국제정치에 자주 등장한다. 두 나라의 외교장관과 국방장관이 참여하는 이 회담은 외교와 국방이

---

[28] 『친일반민족행위진상규명보고서』 제4-1권 고영희 편.

대한제국 군대해산 당시 일본군에 의해 무장해제를 당하고 있는 대한제국군의 모습.

안보 문제에서 차지하는 위상을 반영한다. 대한제국은 1905년에 외교권을 빼앗기고, 1907년에 군대를 해산당했다. 안보에 필요한 두 축이 2년 간격으로 무너진 뒤 나라가 망했다. 을사늑약으로 인해 대한제국은 오늘날로 치면 2+2 형식의 안보회담을 할 수 없는 나라가 됐다. 정미7조약으로 인해서는 안보회담 자체를 할 수 없는 나라가 됐다. 1907년에 대한제국을 그렇게 만든 친일파가 고영희다. 그는 일본 입장에서는 대단한 유공자였다. 일본을 위해 그처럼 큰일을 해치운 고영희가 군대 해산 직후에 품계가 강등되는 날벼락을 맞는다.

탁지부대신으로 고종 퇴위와 군대 해산을 주도한 고영희는 사태가 마무리된 직후부터 교체설에 휘말렸다. 고종에서 순종으로 권력이 교체되는 과도기의 암투 과정에서 고영희의 신상에 이상 조짐이 생긴 것이다.

이런 움직임은 언론의 주시 대상이 되는 게 그치지 않고 언론의 놀림을 받는 원인이 됐다. 그의 체임 가능성이 보도되다가 나중에는 조롱을 받는 일까지 일어난 것이다. 1907년 8월 27일자 「대한매일신보」 2면은 "대신 고영희 씨는 체임이 된다는 말이 있다더라."라고 전했다. 보름 뒤인 9월 12일에는 위 신문 2면에 분위기가 아주 다른 기사가 등장했다. 보도 내용은 이랬다.[29]

> "탁지대신 고영희 씨는 경리원경으로 전임을 한다 하니, 고씨가 칠적 대신 중에 참여하여 세상없는 큰 공을 이룬 고로 대신 지위를 영구히 지탱할 줄 알았더니, 홀로 먼저 체임이 되면 이는 참으로 새를 잡은 후에는 활을 감추는 격이로고."

고영희를 대놓고 "칠적 대신"이라고 썼다. 정미칠적에 대한 여론이 얼마나 악화돼 있었는지를 느낄 수 있다. 위 기사는 세상없는

---

[29] 원문은 다음과 같다. "탁지대신 고영희 씨는 경리원경으로 전임을 한다 하니, 고씨가 칠적 대신 중에 참여하야 세상 업는 큰 공을 이운 고로 대신 디위를 영구히 지탱할 줄노 알았더니, 홀디에 홀로 몬져 톄임이 되면 이난 진소위(眞所謂) 새를 잡은 후에난 활을 감초난 격이로고."

큰 공을 세웠는데 고영희만 대신 지위에서 잘리게 되었으며, 이는 새 잡은 뒤에 활을 치우는 격이라고 조롱했다. 토사구팽의 '구'처럼 '일제의 활'이 되어 고종 퇴위와 군대해산에 앞장섰다가 대신 자리에서 홀로 밀려난 그를 조롱하는 기사다.

고영희는 친일세력의 선봉장이 되어 고종황제와 대한제국 군대를 압박하는 일에서는 맹렬한 모습을 보여줬다. 그러나 친일 세력 내부의 파워 게임에서는 밀렸다. 일본을 위해 큰 공을 세우고도 대신 자리를 석 달밖에 누리지 못했던 것이다. 그해 10월 10일에 그는 일본 왕세자의 방한을 환영하는 모임의 평의원으로 선출됐다. 10월 25일에는 대한제국 정부로부터 훈1등 태극장을 받았다. 다음 날에는 일본 정부로부터 훈1등 욱일대수장을 받았다. 이처럼 일본 정부와의 관계에서는 별 문제가 없었다. 대한제국 정부와의 공식적 관계도 문제가 없었다. 그런데도 대신 자리에서 갑자기 밀려났다. 친일파 내부의 알력 관계에서는 별다른 힘을 쓰지 못했던 것이다. 조롱의 성격이 짙은 「대한매일신보」 기사는 그런 상황과 무관치 않다고 볼 수 있다.

새로운 충성 경쟁에 나서다

군대 해산 직후에 대신 지위를 잃고 언론의 비아냥을 받은 고영희는 이듬해인 1908년 6월에야 법부대신이 됐다. 이듬해 1909년, 그는 일제를 향한 새로운 충성 경쟁에 뛰어들었다.

정미칠적. 맨 위 왼쪽부터 내각총리대신 이완용, 농상공부대신 송병준, 군부대신 이병무, 탁지부대신 고영희, 법부대신 조중응, 학부대신 이재곤, 내부대신 임선준이다.

그해 하반기는 10월 26일 안중근 의사의 의거로 이토 히로부미가 절명한 사건에 대한 반작용으로 한·일 합방론이 급물살을 탄 시기다. 이때 고영희는 2년 전과 마찬가지로 다시 충성 경쟁을 본격화했다. 악명 높은 친일 단체 '일진회'의 송병준과 이용구가 한국 강점 방법론을 경쟁적으로 제시하고 있었다. 이런 상황에서 고영희는 이완용과 함께 그 경쟁에 뛰어들었다. 이완용의 지시를 받은 고영희는 오사카조폐국을 시찰한다는 명목으로 일본을 방문했다. 그리고 수상 가쓰라 다로를 만나 '합병안 5개 조항'을 제출했으나 거절당했다. 가쓰라 다로는 일본의 한국 지배와 미국의 필리핀 지배를 상호 묵인하는 가쓰라-태프트 밀약의 장본인이다. 그런 사람을 만나 '한국을 이렇게 합병해주세요'라고 제안했다가 퇴짜를 맞았던 것이다.

이완용과 고영희는 한국의 황제를 존속시키는 방식을 제시했다. 그런 점에서 국가연합 형식과 비슷했다. 이들은 일본의 한국 침략 의도를 실제보다 낮게 점치고 있었던 것이다. 일본의 의중은 병합이었다. 당연히 퇴짜를 맞을 수밖에 없었다.

그러나 고영희에 대한 일본의 신임만은 변치 않았다. 그는 1910년에 또다시 기회를 잡아 경술국적이라는 '친일 영예'를 안는다. 이에 힘입어 중추원 고문이 되고 자작 작위도 받았다. 1912년에는 한국병합기념장을 받고. 1913년에는 메이지 일왕(무쓰히토) 1주기 추도식에 조선 귀족 대표로 참석했다. 1915년에는 다이쇼(요시히토) 일왕의 즉위기념 대례장도 받았다.

그는 '새 잡는 활'이 되어 일본제국에 충성을 다했다. 일제가 고종황제를 '명중'시키고 한국 군대를 명중시킬 때, 그는 일제의 손아귀에 들린 활이었다. 일제는 고영희에게 1910년부터 중추원 고문 수당으로 연봉 1,600원을 지급했다. 월급 133원에 해당하는 이 수당은 1916년 사망 때까지 지급됐다. 히로히토 일왕에게 수류탄을 던진 이봉창 의사가 약국 직원으로 근무할 당시인 1917년에 받은 월급은 숙식 제공에 기본급 10원이었다. 고영희가 이봉창 같은 한국인들을 일제에 팔아넘긴 대가로 얼마나 많은 이익을 취했는지를 알 수 있다. 일본은 1911년에는 은사공채 11만 원을 지급했다. 이봉창 같은 일반 대중들이 자신의 소득과 고영희의 소득을 더 이상 비교할 필요조차 없게 만드는 일이었다.

고영희의 자작 지위는 1916년 3월 장남 고희경에게 세습됐다. 친일 아버지가 축적한 재산이 대를 이어 계승될 수 있도록 일본은 배려했다. 한·일 군사협력이 한국 군대 해산으로 이어지게 만들고 이 안보협력의 결말을 보여준 고영희를 일본은 그렇게 살뜰하게 챙겨주었다.

親日派屈辱

제2장

3·1운동과 그 이후

강병일 최병혁 엄인섭
민원식 이완용 김동인
정춘수

親日派屈辱

　대한제국을 강점한 일본은 이 땅을 자국 제국주의의 수요에 맞춰 재편했다. 토지조사사업과 임야조사사업을 벌여 토지와 임야를 탈취하고 회사령 등을 통해 한국인의 기업 활동을 억제했다. 그러면서 일본인들의 한국 진출을 부추겼다. 일본은 이 같은 한국 지배를 발판으로 중국 침략에도 눈을 돌렸다. 중국에 대한 이권을 확보하기 위해 1914년에 발발한 제1차 세계대전에 참전하고 여기서도 성과를 거둬 승승장구했다.
　이 시기에 친일파들은 이전에 없던 완장들을 찼다. 그들은 일본 귀족이 되거나 조선총독부 관료, 아니면 친일 기업인이 됐다. 그들은 그런 완장을 차고 일본의 제국주의 정책을 보조했다. 대한제국을 공격하는 데 집중됐던 친일파들의 화력은 1910년 이후에는 일본의 한국 지배와 한국민 수탈을 보조하는 쪽으로 집중됐다. 이에 대한 대가로 그들은 안정적인 제도적 환경을 누렸다. 높은 급료와 안정적인 연금이 그들을 편안하게 만들었다.

한민족 정부가 형식상으로라도 존재했던 1910년 이전과 달리, 이 시절에는 심리적 부담을 많이 느끼지 않고도 친일을 하고 그 대가를 챙길 수 있었다. 심지어 이런 행동이 애국이라는 이름으로 포장됐다.

외세의 압박을 참다못해 1894년에 봉기했던 한국 민중은 일제 강점 9년 뒤인 1919년에 다시 일어섰다. 이때 민중의 손에는 죽창 대신 태극기가 들려 있었다. 3·1운동은 일본 제국주의에 대한 저항인 동시에 친일 세력에 대한 응징이었다. 한국 민중의 눈앞에 더 많이 보이는 것은 일본인이 아니라 친일파들이었다. 그래서 3·1운동은 일제 못지않게 친일파들에게도 두려운 일이었다.

친일파에 대한 조직적 응징이 1919년에 가능했던 것은 고종의 장례식을 계기로 대중집회의 공간이 열렸기 때문이기도 하지만, 제1차 세계대전으로 인해 세계 제국주의 진영이 일시적으로 지친 데에도 기인했다. 제1차 세계대전은 기본적으로 제국주의 상호간의 항쟁이다. 아프리카·아시아·아메리카를 상당 부분 착취한 제국주의 국가들은 20세기 들어 자기들끼리 충돌했다. 다른 사냥꾼의 포획물을 빼앗는 쪽으로 이들이 발상의 전환을 이룬 결과였다. 이 싸움은 세계적 규모로 전개됐기 때문에, 승자든 패자든 양쪽 모두에게 손실을 입히지 않을 수 없었다. 이 전쟁은 세계 제국주의 국가들의 에너지를 감소시켰다. 이 틈을 비집고 들어간 것이 3·1운동이다.

3·1운동은 단순히 '비폭력 저항운동' 정도로 설명하기 어려운

거대한 사건이자 미증유의 세계사적 사건이었다. 세계적 차원의 교통·통신 발달이 낳은 산물이었다. 전국 각지의 민중이 동시에 궐기해 지축을 진동시키는 방법으로 제국주의 정권을 흔드는 투쟁이었다.

정치적 지각 변동을 유발시키는 이런 방식이 엄청난 에너지를 일으킬 수 있다는 것은 2016년 촛불혁명과 2024년 빛의 혁명을 이루어낸 한국 민주주의의 사례로도 충분히 증명된다. 민중이 총칼로 무장하지 않고도 체제를 전복할 수 있다는 것은 지금은 낯선 이야기가 아니지만, 1919년 당시에는 낯선 이야기였다. 그런 시절에 한국 민중은 전국 동시 궐기라는 최첨단 방식으로 일제와 친일파들에게 대항했다. 이 운동은 총독부 지배를 전복하지는 못했어도 상당한 타격을 주는 데는 성공했다. 식민 지배 방식이 형식상으로나마 무단통치에서 문화통치로 바뀐 것은 3·1운동이 상당한 공포심을 주었기에 가능했다.

1919년판 시민혁명은 9년간의 총독부 지배가 실패했음을 보여주는 동시에 친일파들이 민심을 얻지 못했음을 증명했다. 이는 경술국치를 도운 1세대 친일파들이 내리막길을 걷는 원인이 됐다. 3·1운동으로 인해 그들은 정치적 역할을 상실하기 시작했다. 이는 친일 귀족 상당수가 1920년대에 신용불량자가 된 사실로도 증명된다. 그들이 도박 등에 빠져 재산을 탕진하고 일본이 그들의 신용 회복을 돕고자 창복회를 설립한 것은 친일 세력이 1919년 이후에 겪은 역할 상실과 무관치 않다. 원래 친일파들은 도박 등에 빠질 인물들이 아니었다. 그런 데 빠질 부류였다면, 일본을 도와 대한제국을 무너트리는 역사적 사건을 추동해내기 힘들었을 것이다. 3·1운동으로 인한 정치환경의 급변이 그들을 도박장 등으로 내몬 핵심 요인이었다.

그들의 몰락을 상징적으로 보여주는 인물이 이완용의 손위처남인 조민희다. 한국 강점에 가담한 공로로 자작 작위를 받고 은사공채 5만 원을 받은 조민희는 1928년 2월 29일부터 자작 예우를 상실했다. 그해 3월 3일자 「조선일보」 기사 '몰락의 심연을 질주하는 조선 귀족'은 조민희에 대한 파산선고를 거론하면서 "요사이 조선 귀족들의 재산이야말로 봄눈 녹듯이 하나씩 둘씩 소리 없이 사라져버리는 모양"이라고 진단했다. '조선 귀족'은 1세대 친일파의 또 다른 표현이다. 그들의 재산이 눈 녹듯 녹아내리는 것이 그 시기의 흐름이었다.

1세대 친일 세력이 세월과 함께 연로해진 것과 더불어 그들이 대중의 미움을 받고 역할을 찾지 못하는 상황은 일제가 친일파 세대교체에 신경을 쓰는 원인이 됐다. 일제의 문화통치가 그 같은 교체를 가능케 해주었다. 한국어 신문·잡지의 발행 등을 허용하는 문화통치는 독립운동가들을 포함한 진보 진영이 이른바 합법의 틀 내에서 일제와 공존할 수 있게 만들었다. 이는 그중 일부인 이광수·홍난파 등이 중일전쟁 이후에 일제의 요청을 받고 친일파로 전향하는 환경을 조장했다.

1세대 친일파의 몰락과 '대체재'의 존재는 친일파의 세대교체를 가능케 했다. 경술국치를 주도한 1세대가 주도권을 잃고 독립운동가 출신의 2세대가 친일을 이끌어가는 새로운 형국이 1930년대 후반에 조성됐다. 이는 '일제 강점기판 뉴라이트' 현상이었다. 1937년부터 1945년까지의 친일은 기본적으로 이들의 작품이다.

2세대 친일파들의 특기는 글을 잘 쓰거나 강연을 잘하거나 곡을 잘 짓는다는 점 등이다. 그들은 대중을 상대로 자신의 특기를 살려 친일 활동을 했던 사람들이다. 2세대는 이런 능력을 활용해 강제징용·위안부·강제징병을 부추겼다. 독립운동이나 진보운동 때 연마된 이들의 선전 능력은 동족을 일제 침략전쟁으로 내모는 반민족행위에 사용됐다. 대중을 움직여 일제에 충성하도록 유도하는 것이 '뉴친일파'의 특징이었다. 1세대 친일파들은 자기 자신의 친일에 좀 더 치중했다. 그에 비해 2세대는 대중을 일제의 희생양으로 만드는 데 좀 더 치중했다.

친일파의 세대 교체가 진행된 3·1운동 이후 시기에 그들에 대한 한국인들의 대응은 반민족행위자에게 불의의 공격을 가하는 방식으로 많이 전개됐다. 임시정부나 독립운동단체의 이름으로 경고문을 날리거나 김원봉의 의열단이 했던 것처럼 무력 공격을 가하는 현상이 두드러졌다.

그런 공격에 노출된 인물 중 하나가 친일 깡패 박춘금(1891~1973)이다. 박춘금은 제국의회 중의원이 되어 징병과 지원병제도의 입법화를 시도했다. 또 상애회·대의당·대화동맹 등에 참여해 내선융화 및 황민화정책을 선전했다. 강제징병·강제징용을 선동한 그는 군수업체인 조선비행기공업주식회사의 취체역(이사)도 역임했다. 한·일 양국을 오가며 한국인들을 상대로 조폭 활동을 하고 히로히토 일왕에게 충성한 그는 해방 직전에 폭탄 공격을 받았다. 이 폭탄 공격의 주역 중 하나는 1999년에 민족문제연구소 이사장이 될 조문기다. 18세 청년 조문기 등이 54세의 박춘금을 상대로 벌인 이 의거는 해방 3주 전에 지금의 서울광장 옆인 경성부민관(서울시의회)에서 일어났다.

거기서는 아시아민족분격대회라는 친일파들의 행사가 열리고 있었다. 나중에 「조선일보」가 "친일파들의 발악 경연장"이었다고 평한 그 행사장에 조문기 등이 진입했다. 이들이 폭탄을 터트린 시각은 밤 9시 10분경이었다. 폭탄은 터졌지만, 박춘금은 죽지 않았다. "당초 인명 살상에 목적이 있지 않았기" 때문이었다.

친일파에 대한 공격 내지 압박은 음지에서도 진행됐다. 1926년 2월 11일에 사망한 이완용을 상대로 그랬던 것처럼, 화장실 벽 같은 데에 친일파를 성토하는 글을 쓰기도 했다. 이는 반일 여론을 일으키기 위한 그 시절 나름의 투쟁 방식이다. 대중잡지인 「개벽」 제67호는 "경성부의 착제부(搾除夫)들은 '또 이제부터는 공동변소의 벽이 깨끗해지겠스닛가 무엇보다도 조켓다고' 치하하겠지"라며 이완용을 조롱하는 기사를 그의 사후에 내보냈다. 이완용을 욕하는 낙서가 서울 시내의 공동 화장실에 많았음을 보여주는 글이다. 이완용의 죽음으로 인해 그런 낙서가 줄어들 것이므로 미화원들이 좋아하리라는 기사였다.

제2장에서는 3·1운동 때부터 강점기 막판까지 굴욕을 당한 친일파들의 이야기가 나온다. 강병일, 최병혁, 엄인섭, 민원식, 이완용, 김동인, 정춘수의 반민족행위와 굴욕을 자세히 살펴보자.

07

광란의 총질,
만세 시위 군중 53명을 살상하다

3·1운동 단 하루의 악독한 행위로 영원히 '친일파'로 박제된 강병일

단 하루 동안에 저지른 일로 인해 친일파로 규정되고 목숨까지 잃은 흔치 않은 사례가 있다. 헌병보조원 강병일이 이야기의 주인공이다.

그는 평안남도 강서군 출신으로, 일본군의 경복궁 점령 2년 전인 1892년에 태어나 24세 때인 1916년 4월 1일 평양헌병대 안주분대의 헌병보조원이 됐다. 그의 소속 부대는 그다음 달 13일에 평양헌병대에서 평양헌병분대로 변경됐다.[30]

---

[30] 『친일반민족행위진상규명보고서』 제4-1권 강병일 편 참조.

1905년 을사늑약으로 한국을 보호국으로 전락시킨 이토 히로부미는 일반 경찰력만으로는 한국 민중과 의병들을 억누를 수 없다고 판단했다. 그래서 일본 헌병대를 한국 치안에 투입할 생각을 해냈다. 하지만 일본 제국의회의 반대에 부딪혔다.

그래서 이토 히로부미가 다시 생각해낸 것이 대한제국 인력과 재정으로 한국인 '폭도'를 진압하는 헌병보조원 제도였다. 일본이 말하는 한국인 '폭도'는 다름 아닌 의병들이다. 의병 진압을 목적으로 이 제도를 고안했던 것이다. 이것이 일제강점기 헌병보조원 제도의 기원이다.[31] 이런 제도가 대한제국 말기에 시작됐던 것이다. 일본 돈이 아닌 한국 돈으로 한국을 억압하겠다는 제국주의다운 발상의 산물이었다.

그렇게 해서 생겨난 헌병보조원들은 일본제국주의의 최일선에서 한국인들을 억압했다. 이들은 동포들의 피눈물을 짜내는 역할을 담당했다. 이 악행은 대한제국 멸망 전부터 한국통감부의 묵인하에 자행됐다. 헌병보조원들의 행패는 기가 막힐 정도다.[32] 경기도 양주군에서는 헌병보조원이 농사에 쓰는 소를 마음대로 끌고 가버렸다. 포천군에서는 수색을 빙자해 주민을 구타하던 보

---

[31] 일제는 대한제국이 1908년 6월 11일에 칙령 제31호 '헌병보조원 모집에 관한 건'을 공포하게 만들었다. "폭도의 진압"을 위한 한국인 헌병보조원을 일본헌병대에 위탁한다는 칙령이었다.

[32] 진상규명보고서 제3-2권이 「대한매일신보」 보도를 근거로 제시함.

조원이 도망가는 아이들을 겁주려고 발포를 했다. 양천군에서는 술과 음식을 배부르게 먹은 보조원이 술집 주인을 때려 죽였다. 경기도 풍덕군과 경북 상주군에서는 보조원이 주민에게 '의병과 연관돼 있지 않느냐'며 트집을 잡다가 돈과 재물을 강탈했다. 황해도 금천군에서는 보조원이 시장 상인들의 영업을 방해해 50여 세대가 수입원을 잃고 아사 상태에 빠졌다. 황해도 평산군에서는 보조원이 여성과 강제 결혼해 남편이 고소했다.

이 정도면 헌병이 아니라 점령군 그 이상이었다. 이 때문에 원성이 끊이지 않았지만 일제 당국은 아랑곳하지 않았다. 대한제국을 무너트린 뒤에도 마찬가지였다.

헌병보조원이라고 무조건 단죄하지 않았다

헌병보조원들이 심각한 악행들을 저질렀지만, 단순히 헌병보조원이라는 이유만으로는 친일파로 규정되지 않는다. 한국인들은 이들에게 말 못할 시달림을 당하고 이들 전체를 증오하지만, 이들의 지위만을 근거로 반민족행위자 여부를 가리지는 않는다.

정부수립 직후 친일파들을 긴장시킨 1948년 9월 22일의 반민족행위처벌법(반민법) 제4조 제6호는 반민족행위자(반민자)를 다음과 같은 사람들로 규정했다.

"군・경찰의 관리로서 악질적인 행위로 민족에게 해를 가한 자"

일제 군인이나 경찰이었을 뿐 아니라 악질적인 행위도 해야 하고 그로 인해 민족에 해를 끼쳤다는 세 가지 조건이 충족돼야 친일 군인, 친일 경찰로 인정됐다. 헌병보조원도 마찬가지다.

2004년 3월 22일 제정된 '일제강점하 친일반민족행위 진상규명에 관한 특별법' 제2조 제16호는 "고등문관 이상의 관리 또는 군경의 헌병분대장 이상 또는 경찰 간부로서 주로 무고한 우리민족 구성원의 감금·고문·학대 등 탄압에 앞장선 행위"를 친일반민족행위로 규정했다. 이 규정에 따라 헌병대원이 친일반민족행위자로 인정되려면, 분대장 이상으로 승진했어야 하고 이것에 더해 한국인들을 탄압하는 것은 물론이고 그 탄압에 앞장섰어야 한다. 조건이 꽤 까다로운 편이었다.

『친일인명사전』은 "오장(伍長)급 이상 헌병으로 활동한 자"를 친일파의 범주에 넣는다. 하위직일지라도 간부급 반열에 포함돼야 친일파로 인정된다. 이 사전의 부록인 '금단의 역사를 쓰다, 18년간의 대장정'에 따르면, 간부급이 아닌 헌병보조원이 친일파로 인정되기 위해서는 "항일운동에 참여한 자 또는 그 가족을 살상·처형·학대·체포하거나 이를 지휘한 자" 또는 "일제의 식민통치와 침략전쟁에 협력하여 훈공 또는 포상을 받은 자 중에서 친일행위가 뚜렷한 자" 같은 별도의 기준을 충족해야 한다.

말하자면, 단순히 헌병보조원이었다는 이유만으로 친일파로 단죄되지는 않는 것이다. 헌병보조원들은 웬만해서는 이 요건에 해당하지 않는다. 그들이 친일파로 인정되려면 세상 사람들의 공분을 살 만큼 악독한 행위를 했어야 한다.

광란의 총질, 그날 하루 53명을 살상하다

강병일은 친일반민족행위진상규명위원회가 지정한 친일반민족행위자인 동시에 『친일인명사전』에 등재된 친일파다. 그는 정부수립 직후의 친일청산 기구인 국회 반민특위에 의해서는 반민자로 규정되지 않았다. 이는 반민특위가 그의 행위를 대수롭지 않게 봤기 때문이 아니라 1919년 3·1운동 현장에서 죽임을 당해 그를 체포할 수 없기 때문이었다.

그가 설령 살아 있었더라도 반민특위에 체포됐을 가능성은 낮다. 평남 출신이므로 해방 뒤에 월남하지 않았다면 반민특위를 만났을 가능성은 별로 없다. 하지만, 북에서 친일파로 처단됐을 가능성은 높다. 헌병보조원 중에서는 꽤 유명한 친일파였기 때문이다.

헌병보조원 월급은 침식 제공 없이 7~16원이었다. 일본어를 할 줄 알면 1원에서 5원의 특별수당이 추가됐다. 이봉창 의사가 1915년부터 제과점에서 받은 월급은 식사 제공에 7~8원이다. 헌병보조원에 대한 대우는 그리 좋은 편이 아니었다.

그렇지만 그는 보조원 일을 아주 열심히 했다. 특히 3·1운동 진압 현장에서 그랬다. 1916년부터 3년간 헌병보조원으로 부역한 그는 3·1운동 때의 단 하루만의 일로 인해 '악독한 헌병보조원'

으로 악명을 얻게 됐다. 그가 민족의 단죄를 받은 결정적 사유는 1919년 3월 4일 하루 동안 벌어진 사건과 관련된다. 강병일은 평양헌병분대 사천주재소에 근무하고 있었다. 1919년 3월 4일에 평안남도 강서군 사천시장 일대에서도 독립만세 시위가 일어났다. 시위를 진압하기 위해 주재소장인 사토 상등병의 지휘 아래 출동한 강병일은 시위 군중에게 발포하여 13명을 사망케 하고 40여 명에게 중경상을 입혔다.[33]

강병일은 단 하루 동안에 최소 53명을 사상자로 만들었다. 국가보훈부가 발간한 『독립유공자공훈록』 제3권 조진탁 편에 따르면, 그날의 시위 군중은 약 3,000명이었다. 그중 최소 53명을 죽이거나 다치게 만들었던 것이다. 글자 그대로 광란의 무차별 사격이었다.

이 공훈록은 조진탁 열사의 공적 개요를 제시하는 글에서 "(시위대의) 행진이 강서군 반석면 상사리 사천시장에 가던 중 사천헌병주재소에서 주재소장 좌등(사토) 상등병과 보조원 강병일, 동(同) 박요섭, 동 김성규 등이 발포하여 희생자가 생기었다"고 설명한다. 조진탁도 누구의 발포에 의한 것인지는 확인되지 않지만 그날 현장에서 총상을 입었다. 그는 그런 몸으로 평안도 순천과 강원도 원산·통천·강릉 등지에서 도망자 생활을 했다. 그러다가 2년 뒤

---

[33] 『친일인명사전』 제1권 강병일 편 참조.

인 1921년 원산역에서 평양경찰서 나카무라 형사에게 체포됐다. 그런 뒤 이듬해에 교수대로 끌려갔다.

강병일이 친일파로 판정된 것은 3년간 헌병보조원으로 부역했기 때문은 아니다. 1919년 3월 4일, 단 하루의 일이 그를 친일파로 만들었다. 짧고 굵게 친일을 한 셈이다.

의로운 분노, 잔혹한 진압자를 심판하다

그러나 강병일은 그 잔혹하고 악랄한 진압의 대가를 곧바로 치렀다. 시위대의 공격을 받고 현장에서 죽음을 당했던 것이다. 시위대를 상대로 마구 총을 쏘며 현장에서 두각을 보이다가 바로 그곳에서 다른 헌병보조원들과 함께 천벌을 받았던 것이다. 강병일은 물론, 같이 출동했던 김성규, 박요섭, 그리고 주재소장 사토도 죽음을 당했다.[34]

일본은 그런 강병일에게 훈장을 주었다. "시위민중 다수를 살상하고 시위대에 의해 사망한 것"이 공적으로 인정되었기 때문이다. 일본 정부의 확인 작업을 거쳤으니 53명 이상을 살상한 것은 분명하다. 그날 강병일의 진압은 한국인이 아닌 제3국인의 눈으로 볼 때도 비인간적인 만행이다. 그런 강병일에게 일제는 훈장을

---

[34] 위 진상규명보고서는 「독립신문」 및 「동아일보」 등을 근거로 강병일이 김성규·박요섭 및 사토와 함께 죽었다고 밝힌다.

주어 잘했다고 칭찬한 것이다.

   3년간 헌병보조원 일을 했던 강병일은 단 하루만의 일로 인해 '헌병보조원 친일파'의 요건을 한번에 충족했다. 그런 뒤 바로 그 자리에서 벌을 받았다. 인과응보가 꽤 신속히 일어난 사례에 해당한다.

08

"임시정부의 명령으로 너를 죽인다!"

만세 시위를 비웃다가 대한독립단에 의해 총살된 최병혁

> "조선인 헌병보조원이나 순사보는 각자 그 직장을 버리고 조선 민족의 독립운동에 전력하라!"

1919년 3월 9일, 지금의 서울 수송동 중동학교 앞에 이런 문장이 쓰인 항일전단이 배포됐다. 당시 학생이었던 이영준은 이 항일전단 30장을 갖고 자신이 살고 있던 용강면(지금의 서울 마포 일대)에 가서 배포했다.

헌병보조원 이주석은 그 유인물 중 한 장을 받은 사람이었다. 그는 "당신네들도 우리와 같이 독립운동에 참가하여 민족의 이익이 되도록 하자."는 권유에 가슴 벅찬 감동을 받았다. 그리고 이

주석은 투옥됐다. 그 권유에 따라 용감하게 만세 시위에 동조한 것이다.[35]

1919년의 만세 시위 현장에는 시위대와 진압군뿐 아니라 행인들도 당연히 있었으며, 행인들도 구경만 하지 않고 응원을 하거나 적극적으로 시위대에 합류하기도 했다.

'너희는 세상을 잘못 살고 있다!'

이주석과 달리 일부러 시위대를 자극하는 이들도 있었다. 친일파 최병혁이 그런 사례에 해당한다. 그는 꽤 대담한 방법으로 시위 현장에 출현했다. 당시의 극우단체인 자제단(자제회)이 벌인 '일제 배격 반대 집회'에 참석하는 데서 한 발 더 나아가 '일제 배격 찬성 집회' 쪽에 접근해 시위대를 의도적으로 자극했다.

최병혁은 1878년에 태어나 탁지부(재정기획부) 세무관, 해주재무서(오늘날 세무서 비슷한 기관) 서장 등을 거쳐 1910년 일제강점 뒤에는 황해도 신계군수·금천군수·은율군수 등으로 부역했다.[36]

일제가 볼 때 그는 모범적인 친일파였다. 일제는 그를 자주 칭찬했다. 1912년 8월 1일에는 한국병합기념장을 수여했고, 1915년 11월 10일에는 요시히토 일왕(다이쇼 천황) 즉위 기념 대례기념장을

---

[35] 『독립운동사 제2권: 삼일운동사(상)』 참조.

[36] 『친일인명사전』 제3권 최병혁 편 참조.

하사했다.

그의 마지막 임지는 은율군이었다. 마지막이 될 그곳에 부임한 것은 1917년 10월 27일이었다. 그리고 부임 1년 반 뒤인 1919년 3월 26일, 그는 은율장터의 만세 시위 현장에 나타났다.[37] 이날 그는 꽤 대담했다. 시위대 앞에서 일장연설을 하기까지 했다. 그 연설 중에 "독립운동은 천시(天時)를 모르는 일"이라는 망언이 튀어나왔다. '천시를 모르는 일'이라는 말은 그 시대 사람들에게는 심각한 의미로 전달되는 말이었다. 당시 사람들은 '천시·지리·인화(人和)'를 하나의 세트로 인식하는 데 익숙했다. 그 셋은 세상사의 3대 요소로 이해됐다. 그런 시절이기 때문에, '천시를 모르는 일'이라는 발언은 지리와 인화에도 어긋나는 일이라는 의미를 함께 전달하기 쉬웠다. 이는 '너희는 세상을 잘못 살고 있다'는 뜻을 전하는 것이었다. "민중들의 진정을 요망한다."는 입장 표명도 있었다. 독립 만세를 외치기 위해 목숨을 걸고 거리로 뛰쳐나온 군중을 크게 자극하는 발언이었다.

표적이 되다

최병혁의 망언에 군중은 격분했다. 분을 참지 못해 대거리를

---

[37] 『독립운동사』는 현장 분위기를 설명하면서 "친일파들"이란 표현을 썼다. 그곳에 홀로 가지는 않은 듯하다.

하려는 사람들도 있었다. 일촉즉발의 현장에 때마침 경찰과 헌병들이 출동했다. 이들이 출동하지 않았다면 어떤 충돌이 벌어졌을지 알 수 없다.

그날 그곳에서 최병혁은 화를 면했다. 하지만 그것은 끝이 아니라 시작이었다. 그날의 연설은 그를 독립운동 진영의 표적으로 만들었다. 대한독립단은 최병혁을 '독립운동을 방해한 친일파 군수'로 지목했다.[38] 은율장터의 망언이 있은 다음 달에 단체를 결성한 독립투사들이 최병혁을 주시하게 됐던 것이다. 대한독립단은 백두산에서 서북쪽으로 약 120킬로미터 떨어진 류허현(유하현)에 본부를 두었다. 오늘날 이곳은 지린성 통화시 일부다. 저 멀리 만주까지 최병혁의 '악명'이 전해졌던 것이다.

망언 1년 반 뒤인 1920년 8월 15일 밤 11시 무렵이었다. 대한독립단 단원들이 은율군수 관사 앞에 나타났다. 단원 이지표가 담장을 뛰어넘어 방안으로 침입한 뒤 군수 최병혁의 오른쪽 가슴에 권총을 겨눴다. 이지표는 "임시정부의 명령으로 너를 죽인다."라고 선고한 뒤 방아쇠를 당겼다.[39] 권총이 불을 뿜었고, 총알은 최병혁의 오른쪽 가슴에 명중했다. 그는 그 자리에서 즉사했다.

독립운동 만세 시위대를 공개적으로 모독한 일이 1년 반 뒤에

---

[38] 대한독립단은 1919년 4월 15일에 의병장 출신인 박장호와 조맹선 등이 조직한 단체다.

[39] 『독립유공자공훈록』 제13권 참조.

비참한 최후라는 부메랑이 되어 돌아온 것이다. 독립운동 진영은 최병혁을 처단함으로써 '친일의 대가는 이런 것이다'라는 강력한 메시지를 세상에 던졌다. 그러자 일제도 즉각적인 대응에 나섰다. 보름 뒤이자 한국 강점 10주년인 8월 29일, 일제는 고 최병혁에게 훈장(서보장)을 추서했다. '충성의 대가는 이런 것이다'라고 맞불을 놓았던 것이다.

하지만 결국 최병혁의 명에 따위는 없다. 오늘날 일본 정부는 최병혁 같은 인물을 전혀 기리지 않는 반면, 그의 이름은 『친일반민족행위진상규명보고서』에 친일반민족행위자로, 『친일인명사전』에 친일파로 또렷이 남았다. 그날 그의 연설이 그를 그렇게 만든 결정적 계기다. "천시를 모르는 일"이라며 시위 군중을 꾸짖은 최병혁의 행동이야말로 천시는 물론이고 지리와 인화를 포함해 세상사를 잘 모르는 '무식한 행동'이었다.

09

안중근과 한용운도 속인
더러운 가면의 사나이

독립운동가 행세하다 밀정임이 들통나 세상의 이목을 피한 엄인섭

일본제국주의가 경찰이나 군대 같은 공권력만으로 독립운동진영을 상대하기는 힘들었다. 백범 김구를 비롯한 임시정부 활동가들은 상하이의 프랑스인 거주지인 프랑스 조계에서 주로 활약했다. 이런 데서도 알 수 있듯이, 독립운동가 조직은 일본 경찰이나 군대가 접근하기 힘든 곳에 포진해 있는 경우가 많았다. 그래서 일제는 밀정의 활약에 많이 의존할 수밖에 없었다. 밀정들은 독립운동가들이 어디에 있든 쉽게 접근해 정보를 빼내기도 하고 조직을 한순간에 무너뜨리기도 했다. 이들은 일제의 비밀 병기였다. 경찰이나 군대가 하기 곤란한 임무들은 이들이 수행했다.

그런 비밀병기 중 하나가 '무늬만 독립투사'였던 엄인섭이다. 엄

인섭은 독립운동 진영의 핵심 인물이었다. 그래서 밀정이라는 의심을 쉽사리 받지 않았다. 또 고급 정보를 빼낼 수 있다는 장점도 지니고 있었다. 일제의 A급 비밀 병기였던 셈이다.

엄인섭이 함경북도 경흥에서 태어난 해는 1875년이다. 일본 군함 운요호(운양호)가 해안 측량을 빌미로 강화도에 접근해 함포 사격을 가한 해였다. 그는 한반도에 오래 살지 않았다. 어린 시절에 러시아 연해주로 이주했다. 그곳에서 성장한 그는 러시아군이 개입한 세계사적 사건에도 관련됐다. 19세기 내내 세계 제국주의의 총공세를 견디던 중국에서 의화단운동이 발생했다. 백련교의 일파인 의화단이 이 세기의 마지막 해인 1900년에 일으킨 이 운동은 반제국주의·반외세·반기독교 성격을 띠었다. 그래서 제국주의국가들이 묵과하지 않았다. 세계 최강인 영국·러시아와 프랑스·독일·오스트리아·이탈리아·미국·일본으로 이뤄진 8개국 군대가 의화단 진압을 위해 출동했다. 이때 25세의 엄인섭도 가담했다. 그는 러시아군에 종군했다. 이 일로 러시아 훈장이 수여됐다.

25세의 해외 교민이 제국주의 반대운동을 진압하는 현지 제국주의 국가의 진압 활동에 참여했다. 제국주의에 대한 비판 의식이 불철저했음을 보여주는 이 이력은 그 뒤 일본제국주의에 대한 엄인섭의 투쟁이 강인한 생명력을 발휘하지 못한 사실을 이해하는 데 참고가 된다.

러시아군에 대한 종군 활동은 계속됐다. 1904년에는 러일전쟁에 참전해 러시아군 통역으로 활약했다. 이때 통역으로 활동했던 사람들 중에는 자연스럽게 항일투사로 변모하는 이들이 많았다. 러시아 편에 서서 일본에 맞선 것이 엄인섭이 그 후 오랫동안 반일전선에 몸담게 된 배경이다.

반일운동에 뛰어든 이후의 엄인섭은 저명한 독립투사들과 함께하는 족적을 남겼다. 주요 독립운동가들의 행적에서 그의 이름을 발견할 수 있다. 안중근 의사는 1907년에 고종황제가 폐위되고 군대가 해산된 뒤 블라디보스토크로 이동했다. 그는 자서전인 『안응칠 역사』에서 이때의 일을 돌아보면서 이렇게 썼다.

> "그곳에 훌륭한 인물 두 분이 또 있었으니, 하나는 엄인섭이요, 또 한 사람은 김기룡이었다. … 나는 그 두 사람과 형제의 의를 맺었다."

엄인섭은 안중근과 함께 이토 히로부미 암살을 서약했다. 그 역시 안중근과 함께 단지 동맹을 했다는 이야기가 있다.

항일투사이자 카레이스키(러시아 고려인) 대부인 최재형의 삶에도 엄인섭이 등장한다. 박환 수원대 교수의 「시베리아 한인민족운동의 대부 최재형」은 "러일전쟁 시 통역으로 참여했던 인물들 가운데 다수가 항일운동을 전개했다"고 한 뒤 "그중 엄인섭과 유진률은 최재형과 긴밀하게 협조하며 활동했다"고 말한다.

엄인섭의 위상은 러시아를 여행한 20대 초반의 만해 한용운에게도 포착됐다. 56세 된 한용운이 과거를 회고하면서 1935년 3월 8일부터 13일까지 「조선일보」에 연재한 '북대륙의 하룻밤'에 엄인섭이 등장한다. 이 글에서 한용운은 "그는 노령(露領)에서 생장하여 노국 교육을 받고 군인에 편입되어 다소의 전공이 있으므로 훈장까지 차고 상당한 대우를 받는데, 위인이 표한효용(驃悍驍勇)하고 지기(志氣)가 녹록지 아니하여 노령 거류 조선인 중에는 엄연히 수괴가 되어 있다 한다"라고 설명했다. 위인됨이 사납기도 하고 용맹하고 날쌔기도 하면서 의지 또한 대단해 보이는 러시아 한국인의 지도자로 비쳐졌던 것이다. 안중근이 엄인섭을 존경한 데는 이 같은 외형도 작용됐다고 볼 수 있다.

엄인섭은 저명한 인물들과 함께했을 뿐 아니라 그 자신의 신망도 상당했다. 『친일인명사전』 제2권 엄인섭 편은 "1910년대 전반 엄인섭은 러시아 연해주 한인들의 자치기관으로 러시아 당국의 공인을 받았던 권업회의 간부로 활약했다"고 말한다. 그런 뒤 "(1914년) 3월 권업회와 신한촌민회의 통합총회가 열렸을 때 최재형의 후임을 뽑는 회장 선거에서 최다 득표인 31표를 얻었으나, 사퇴함으로써 26표를 얻은 김도여가 회장에 선임되었다"고 설명한다. 최재형 후임을 뽑는 선거에서 최다 득표한 사실은 그가 러시아 내에서 한국인 지도자 반열에 올라 있었음을 의미한다.

인쇄 활자 훔치고, 일본 밀정 구해내고

엄인섭은 1910년 국권 침탈 뒤에 일본 밀정으로 변신했다. 『친일인명사전』을 읽어보자.

> "1911년 4월경부터 일본 측에 독립운동에 관한 정보를 제공했으며, 일본총영사관의 기토(木藤) 통역관이 엄인섭을 관리했다."

그의 첩보 활동은 기가 막힐 정도였다. 1911년 9월에는 역사학자 겸 독립투사 신채호가 주필인 「대양보」 인쇄에 사용되는 활자 1만 5,000개를 훔쳐서 일본총영사관에 넘김으로써 「대양보」 발행을 중단시켰다. 또 독립운동 진영에 붙들린 일본 밀정 서영선을 구출했고, 일본 밀정 김기양을 구출하려다 미수에 그쳤다. 그는 위험을 무릅쓰며 물불을 가리지 않는 대범한 밀정이었다.

1912년 8월, 한·중 두 민족의 항일운동가 33명이 참여하는 둔전영(屯田營)이라는 단체의 창립총회가 있었다. 엄인섭도 블라디보스토크를 대표해 참석했다. 이 단체에 관한 정보 역시 '당연히' 일본 측에 넘어갔다. 1914년에 발발한 제1차 세계대전 기간 중에 엄인섭은 훗날 임시정부 총리가 될 이동휘에 관한 첩보를 제공했다. 이는 그 뒤 이동휘가 체포되는 단서가 됐다. 1917년 5월, 독립운동가 조응순 등이 을사늑약 당시의 주한일본공사였다가 베이징에 주재하고 있던 하야시 곤스케를 암살할 계획을 추진했다. 엄인섭은 조응순이 보낸 서한을 일본총영사관에도 보여줬다. 그런 뒤 일본을 도와 조응순을 저지하는 작전에 뛰어들었다.

1920년 1월 4일, 만주 용정촌으로 수송되던 일제 조선은행 현금 15만 원을 독립투사 최봉설(최계립)·윤준희·한상호 등 6인이 접수했다. 이들은 이 돈으로 무기 구입을 추진했다. 그러다가 1월 31일에 조직원 일부가 체포되는 바람에 자금 대부분을 도로 내주고 말았다. 이들이 체포된 것도 엄인섭의 밀고 때문이라는 이야기가 있다. 사건 주역이지만 체포되지 않은 최계립과 1월 31일 체포된 윤준희·한상호가 엄인섭을 밀고자로 지목했다.[40] 독립운동 지도자의 탈을 쓰고 할 일 못할 일 구분 않고 아무 일이나 저질렀던 것이다.

밀정의 더러운 가면이 벗겨지다

15만 원 사건은 엄인섭의 가면을 벗기는 계기가 됐다. 그의 독립투사 이미지가 벗겨지고 일제 밀정의 본질이 확연해졌다. 이로써 독립운동 진영에서 신망을 잃은 그는 인생의 내리막길을 걷게 됐다. 그 사건 때문에 그는 두 가지를 잃었다. 독립운동뿐 아니라 밀정 일도 더 이상 할 수 없게 됐다. 밀정의 정체가 까발려진 엄인

---

[40] 『역사문화연구』 2000년 제12집에 수록된 반병률 한국외대 교수의 논문 '간도 15만 원 사건의 재해석' 참조.

섭은 중국 훈춘으로 왔으나, 가는 곳마다 15만 원 사건 당시 일본 정탐놈이라고 하는 통에 오갈 데 없는 신세가 되었다. 러시아 내의 한국인 지도자가 '일본 정탐놈' 소리를 들으며 세상의 이목을 피하는 신세로 전락했던 것이다.

엄인섭은 일본 자금으로 외형상의 독립운동을 했다. 1910년부터 10여 년간의 '일본 정탐놈' 활동은 그가 친일 재산을 축적하게 해주었다. 겉보기에 명망 높은 독립운동가인 그는 일제 밀정 활동에서 굵직한 성과들을 냈다. 밀정 수행에 대한 금전적 대가도 적지 않았으리라 볼 수 있다. 그런 돈으로 살았기 때문에 일반적인 독립운동가보다 안정적으로 다양한 활동을 이어나갈 수 있었던 것이다.

그렇지만 그 돈은 받아서는 안 되는 돈이었다. 그런 돈으로 벌인 '무늬만 독립운동'이었기에 그의 운동은 제대로 된 것일 수 없었다. 그가 참여하는 활동들은 일본총영사관에 보고됐고, 그의 곁에 있던 독립운동가들은 갑자기 체포되곤 했다. 일본 돈으로 수행한 그의 활동은 한국 독립의 가능성을 떨어트리는 가짜 독립운동이었다.

역사는 엄인섭을 일본 밀정으로 박제했다. 1956년에 최계립이 만주 옌지(연길)의 현지 포수에게 들은 바에 따르면, 엄인섭의 최후는 쓸쓸했다. 1936년에 그는 훈춘에서 자신의 불명예를 한탄하며 피를 토하고 죽었다. 그때 나이는 61세였다.

10

신일본주의 외치다
제국호텔에서 칼에 찔리다

'무늬만 참정권' 운동을 벌이다 의로운 칼에 고꾸라진 민원식

일제 강점기는 세계적으로 민주주의 욕구가 증대하던 시기다. 1789년 프랑스대혁명을 계기로 전통적인 왕조 체제가 약해지면서 자본가 계급이 세계 주요 지역에서 권력을 차지했고, 이들과 동전의 양면 관계인 노동자 계급 역시 권리를 갖기 위한 운동에 뛰어들었다. 그러면서 대중의 지위가 전반적으로 상승했다. 부르주아는 국가를 향해 권리를 부르짖고, 노동자는 국가와 자본가를 향해 권리를 부르짖는 현상은 지구 전체적으로 민주주의의 파워를 높여놓았다.

제1차 대전 직후에 일어난 3·1운동의 표면적 구호는 '대한독립 만세'와 '일본 나가라'였다. 하지만 실질적 구호는 동학혁명과 독립

협회운동 등을 거치며 구체화된 '민주공화제 실현'이었다. 독립운동 지도자들은 그해 4월 11일 상하이에서 대한 '제국'이 아닌 대한 '민국'의 임시정부를 세웠다. 그들은 임시헌장 제1조에 "대한민국은 민주공화제로 함"이라는 규정을 넣었다. 그들이 확인한 3·1 민심의 핵심이 민주공화였기 때문이다.

3·1운동이 민주공화제를 염원하는 마음을 담았다는 점은 이 운동의 지도자인 손병희의 법정 진술에서도 나타난다. 일본인 판사가 "조선이 독립하면 어떤 정체(政體)로 할 생각이었는가?"라고 묻자 손병희는 "민주정체로 할 생각이었다."라며 "그것은 나뿐만 아니라 일반적으로 그런 생각인 것으로 안다."라고 답했다.[41]

그해 7월 31일 독일 바이마르에서는 바이마르헌법으로 불리게 될 독일 헌법이 국민의회에서 채택됐다. 이 헌법 제22조 제1항은 보통·평등·직접·비밀 선거를 규정했다. 제20조는 국민이 의회를 선출하게 하고 제41조 제1항은 국민이 대통령을 선출하게 했다. 당시 독일은 일본의 적대국이었다. 일본과 싸운 독일에서만 이처럼 민주주의가 진전된 것은 아니다. 일본의 지배를 받는 식민지 한국에서도 민주공화제 욕구가 분출됐다. 적대국에서 민주주의가 확산되는 것은 일본에 유리할 수 있어도, 식민지 한국에서

---

[41] '3·1운동 100주년 서울시기념사업'이 서울시와 함께 2017년 12월 7일 개최한 '민주공화정 100년 심포지엄'에서 발표된 김삼웅 전 독립기념관장의 '한국민주공화제의 기원과 사력(史歷)' 참조.

3·1운동 당시 종로구 보신각 앞에서 만세를 외치고 있는 민중들.

그런 일이 일어나는 것은 당연히 불리했다. 그래서 이 시기의 일본은 한국인들의 민주주의 요구를 처리하는 방안을 강구하지 않을 수 없었다.

그러나 그런 요구를 대놓고 무작정 억누르기는 힘들었다. 3·1운동의 엄청난 에너지를 두 눈으로 똑똑히 목도했기 때문이다. 그렇다고 한국인들에게 참정권을 줄 생각을 했던 것은 아니다. 일본이 선택한 것은 참정권을 주는 시늉만 하는 것이었다. 제스처만 보여주는 방법으로 한국인들의 민주공화제 욕구를 무마하려 했던 것이다. 이런 제스처라도 취했던 것은 일본이 볼 때도 민주주의에 대한 한국인들의 의지가 대단했음을 역설한다.

일본이 그 같은 거짓 제스처를 연출할 수 있도록 멍석을 깔아준 친일파들이 있다. 국민협회를 만들어 참정권 운동을 벌인 민원식이 대표적 인물이다. 민원식은 식민지 한국을 일제의 지역구로 만들자는 운동을 전개했다.

"국회에 조선인 대표를!"

민중의 정치적 욕구를 무조건 탄압하기보다는 3·1운동 열기를 그런 식으로 잠재우려 한 데서 나타나듯이, 그는 상당한 고단수 친일파였다. 조선을 위하는 듯한 모양새를 연출한 반민족행위자였다. 3·1운동 직후부터 그가 벌인 인상적인 활동들을 보자.

> "이 무렵 민원식은 일본 국회에 참정권 청원서를 제출한다. 신일본주의에서 출발한 참정권 청원운동은 일본 국회에 조선인 지역대표를 보내자는 것으로, 일본 당국의 주선으로 민원식은 제42의회(1920.1), 제43의회(1920.7), 제44의회(1921.2) 등 세 차례에 걸쳐 일본 중의원에 참정권 청원서를 제출한다."[42]

---

[42] 『친일파 99인』 제2권에 수록된 역사학자 조재곤의 '민원식: 참정권 청원운동의 주동자' 참조.

20대의 민원식. 1913년의 모습이다.

당시 고양군수였던 민원식이 표방한 신일본주의는 '일본 민족뿐 아니라 한민족도 함께하는 새로운 일본이 등장했다'는 의미를 내포했다.[43]

그 같은 민원식의 외침은 단재 신채호의 귀에 거슬렸다. 민원식의 주장이 신채호에게 어떻게 비쳤는지는 신채호가 김원봉의 의열단에 써준 조선혁명선언(의열단선언)에서도 확인할 수 있다. 이 선언에서 신채호는 "내정 독립이나 참정권이나 자치를 운동하는 자가 누구이냐"라고 한 뒤 민원식이라는 이름 석 자를 거명했다. 신채호는 "3·1운동 이후에 강도 일본이 또 우리의 독립운동을 완화시키려고 송병준·민원식 등 한두 매국노를 시키어 이따위 광론을 외침이니, 이에 부화뇌동하는 자가 맹인이 아니면 어찌 간사

---

[43] 송규진(고려대 아세아문제연구소) 교수는 고양군수 민원식이 1919년 10월에 신일본주의를 제창한 일에 대해 "신일본주의는 일본과 조선 민족공동의 국가인 새로운 일본제국의 신민으로서 권리를 요구하는 것"이었다고 설명한다.

한 무리가 아니냐?"라고 질타했다.

일본인 거주 지역에서만 선출제를

민원식이 34세였을 때이자 3·1운동 1년 뒤인 1920년, 일본은 한국인들의 분노를 가라앉힐 목적으로 지방제도를 개편했다. 역사학자 최유리는 "의결기관이 아닌 자문기관을 두는 것이 골자"였다고 지적한다. 최유리에 따르면, 일제는 자문기관 성격을 갖는 지방협의회의 구성 방식을 이원화시켰다. 부(府)의원이나 면의원을 선출할 때 일본인이 많이 사는 지역에서는 주민투표로 선출하고, 한국인들이 많이 사는 지역에서는 임명제로 선출했다.[44]

그리고 경기도 수원과 지금의 서울 영등포 등을 포함한 24곳에서 주민투표가 허용되었다. 이런 데서 주민투표가 어떤 식으로 시행됐는지를 보자.

> "선거에 의해 회원을 충원하는 경우에도 부(府)의 경우, 협의회원의 선거 자격을 연령 25세 이상의 독립된 생계를 영위하는 남자로 1년 이상 부내(府內)에 거주하고 부세 연 5원 이상을 납부한 사람으로 규정하고 결과적으로 지방자치체 참가 계층을

---

[44] 『이대사원(梨大史苑)』 1995년 제28집에 실린 최유리의 논문 '일제 말기 참정권 논의와 그 성격' 참조.

경제적으로 중상 이상으로 제한하고 있었다."[45]

여기서 총독부의 교활한 술수를 읽을 수 있다. 그것은 24개 면의 '조선인 유권자 수를 일본인보다 적게 묶어두기'였다. 지방세인 '부세를 해마다 5원 이상 내는' 한국인이 그만큼 적었던 것이다. 그 소수의 한국인 유권자들조차도 "보수적인 노년층과 친일적인 인물들을 중심으로" 채워졌다. 이것은 하나마나한 지방자치였다. 한국인들의 참정 욕구에 부응하는 듯이 하면서 실상은 억눌렀던 것이다. 신채호가 "이따위 광론"이나 "간사한 무리"라며 분노할 이유가 충분했던 것이다.

어려서 일본으로 건너가

민원식은 1886년에 경기도 양평에서 출생했다. 그의 유년기 경험은 친일 노선에 결정적 영향을 줬다.『친일인명사전』에 따르면 민원식은 9살 때인 1895년에 가족이 흩어지자 청나라 상인을 따라 중국으로 건너갔고, 2년 후에 조선에 돌아와 전국을 떠돌다 이번에는 일본으로 건너갔다.

청일전쟁 이듬해인 1895년은 패전국 청나라의 위상이 추락했

---

[45] 최유리, '일제 말기 참정권 논의와 그 성격',『이대사원(梨大史苑)』제28집, 1995.

1920년의 민원식.

을 때다. 이때 가족과 헤어져 중국에 갔지만 정착하지 못하고 귀국했다가 일본으로 건너갔다. 그리고 어찌어찌하다가 후쿠오카 현에서 현 지사인 가와지마의 비호를 받아 동아어(東亞語)학교 교사가 되었다.

그가 귀국했을 때는 이미 친일파가 되어 있었다고 볼 수밖에 없다. 국내에서 경력과 학력을 쌓은 일이 없고, 가족의 지원도 없는 상태에서 1906년 스무 살이 될 때까지 일본에 살았던 사람이다. 그런 사람이 그해 6월에 귀국하더니 약관 스물에 단번에 대한제국 내부(內部) 위생과장이 됐다. 뒤이어 황실의 회계심사위원이 됐다. 일본의 지원이 없었다면 이것이 가능했을까?

그가 공식적으로 일본의 봉록을 받은 것은 대한제국 멸망 이듬해부터였다. 지금의 용인시와 안성시 일부를 관할하는 경기도 양지군수에 뒤이어 이천군수가 되고 고양군수가 됐다. 그러다가 1919년의 거족적인 만세 운동을 직면한 뒤에 참정권 운동이라는 아이디어를 내게 됐던 것이다.

"상하이에 있는 놈들은 모두 폭도"

민원식은 한국인들의 정치 참여를 억누를 목적으로 참정권 운동을 벌였다. 독립운동가 양근환이 행동에 나선 것은 민원식이 벌인 이런 참정권 운동의 위선적 본질 때문이다. 양근환의 거사는 승승장구하던 민원식이 갑자기 고꾸라지는 결과로 이어진다.

민원식의 활동은 35세 때인 1921년에 절정에 달했다. 그가 친일 단체인 국민협회의 회장이 되어 맹렬하게 참정권 운동을 벌이고 있다는 소식이 연일 신문지상을 장식했다.

그때 양근환(1894~1950)은 27살의 나이로 니혼대학에서 유학 중이었다. 2년 전에 3·1운동에 참여한 뒤 일본으로 유학을 온 것이었다. 민원식에 관한 보도를 접한 그는 "민족의 이름으로 처단할 것을 결심"했다.[46] 그리고 2월 16일 정오 무렵 품에 비수를 간직하고 민원식이 묵고 있던 제국호텔을 찾아가 만남을 청했다.

그 시각, 민원식은 일종의 '사인회'를 진행하고 있었다. 민원식이 서명하는 행사가 아니라 민원식을 찾아온 사람들이 참정권 청원서에 서명하는 행사였다. 그 자리에서도 민원식은 망언을 이어갔다. 양근환은 가까이서 두 귀로 그것을 똑똑히 들었다. 민원식의 입에서는 망언이 쏟아졌다.

---

[46] 『독립유공자공훈록』 제8권 양근환 편 참조.

제국호텔에서 민원식을 처단한 독립운동가 양근환(왼쪽). 해방 후인 1948년에 경교장 앞에서 백범 김구(가운데)와 1923년에 일왕 폭살을 기도했던 박열(오른쪽)과 함께 찍은 사진이다.

"독립운동이라고? 상하이에 있는 놈들은 모두 폭도다."

양근환은 더 이상 들어줄 수 없었다. 그는 품속에 감추었던 칼을 뽑아들었다. 참정권 운동이라는 고단수의 항일 억제책을 펴는 민원식을 가장 원초적인 방법으로 응징했던 것이다. 민원식은 그 자리에서 고꾸라졌다. 그리고 두 번 다시 입을 열지 못했다.

민원식은 '한국인들이 독립보다 참정을 원한다'는 이미지를 조장하는 데 기여했다. 일본은 성대한 장례식을 열어줬다. 민원식의 시신이 부산에 도착했을 때, 경남도지사가 관민들을 이끌고 영구

경성 남대문으로 운구된 민원식의 영구.

를 맞이했다. 일제는 그의 유해가 서울 시내를 순회하도록 했다. 일본 의회에서는 '총리와 내무대신이 그의 영전에 꽃을 바치고 참배해야 한다'는 목소리가 나왔고, 일본 의원들은 박수로 화답했다. 일본 입장에서 볼 때 민원식은 3·1운동을 억누르기 위한 희생타를 쳐준 친일파였다. 그러나 그의 인생은 독립운동가의 의로운 칼날에 의해 손쉽게 막을 내렸다. 제국호텔에서 일어난 일은 그의 삶이 무가치한 것이었음을 보여줬다.

11

칼에 찔리고, 집은 불타고,
손자와 며느리는 사기를 치다

살아생전 독립투사들의 표적이 되고, 죽어서도 망신당한 이완용

조선이 열강의 각축장이 된 이후로 고종이 희망을 걸었던 두 국가가 있다. 하나는 미국, 다른 하나는 러시아였다. 고종은 멀리 떨어진 두 나라가 조선의 독립을 지켜줄 수 있을 것이라고 믿었다. 고종이 수호통상조약을 최초로 체결한 국가는 미국이다. 이는 미국에 대한 고종의 믿음을 반영하는 일이었다. 고종은 조미수호통상조약 2년 뒤인 1884년에 영국·청나라·일본 등의 견제를 뚫고 러시아와 수호통상조약을 체결했다. 이것은 세계를 깜짝 놀라게 만드는 톱뉴스였다. 이는 세계 최강 영국이 가장 두려워하는 러시아의 남진을 돕는 일이었다. 영국이 1885년에 거문도를 점령한 것은 그런 두려움에 기초한 대응이었다.

미국과 러시아는 서로 친한 나라가 아니었다. 그렇지만 고종에게는 두 국가가 동일 범주에 있었다. 이 때문에 구한말 조선 정계에는 친미파 겸 친러파라는 언뜻 이해되지 않는 파벌이 조성됐다. 고종의 이런 외교정책을 지지하는 그룹이 친러·친미파가 됐다. 고종의 측근들이 중심인 이 그룹이 벌인 대표적 사건이 아관파천이다.

러시아도 좋아하고 미국도 좋아하는 고종의 외교노선은 이완용에게도 영향을 끼쳤다. 고종의 복심을 누구보다도 잘 파악한 이완용은 처음에는 친미파였다. 고종보다 여섯 살 적은 이완용(1858년 생)은 과거급제 4년 뒤인 1886년에 28세 나이로 영어를 배우기 위해 육영공원에 입학했다. 대표적인 친미파가 되어 고종의 신임을 받기 위한 일이었다.

"이완용은 미국에 대한 고종의 생각을 이미 읽고 있었고, 미국통이 된다면 고종에게 매우 유용한 인물이 될 수 있으리라고 생각했다. 세상의 변화와 고종의 의중을 알았던 그에게 육영공원 입학은 새로운 기회였다."[47]

이완용은 나중에는 친미파 겸 친러파로 변신했다. 미국에 대한

---

[47] 김윤희, 『이완용 평전』, 한겨레출판, 2023.

고종의 짝사랑은 오랫동안 유지됐다. 고종은 이 사랑을 간직하면서도 한편으로는 러시아를 연모했다. 고종은 청일전쟁과 삼국간섭 이후로 러시아에 급격히 기울었다. 이 모습을 보고 이완용은 친미·친러로 전환했다. 고종은 미국과 가까워지고 싶었지만, 미국은 그럴 생각이 없었다. 그래서 고종은 러시아에 도움을 구하면서도 미국에 대한 기대감을 버리지 못했다. 이런 의도를 간파했기에, 이완용이 기존의 친미에다가 친러를 살짝 얹었던 것이다.

을사늑약 이틀 전부터 변했다

이완용이 친일파로 전향한 것은 1905년이다. 이해에 러일전쟁이 러시아의 패배로 확정되면서 일본이 조선을 독점할 수 있는 분위기가 조성됐다. 이 여세를 타고 일본은 대한제국의 외교권을 강탈하는 을사늑약을 추진했다. 조선 무대에서 경쟁했던 청나라가 청일전쟁에서 패해서 물러나고 러시아가 러일전쟁에서 패해서 물러남으로써 발생한 결과다.

이런 가운데서 이완용은 친일파로 전격 변신했다. 친미파가 되고 친러파가 될 때 그랬던 것처럼, 그는 이번에도 고종의 태도를 주시했다. 그는 이토 히로부미의 강압 앞에서 고종이 흔들리고 있다는 것을 간파했다. 고종이 친일로 돌아선 것은 아니지만, 일본 때문에 흔들리는 것을 보면서 이완용은 친일을 결심했다. 『이완용 평전』은 "흔히 변신의 귀재라고 불리는 이완용이 최종적으로 친일파로 돌아선 것은 바로 이때라고 한다."라면서 을사늑약 당시 상황을 서술한다.

> "이완용은 을사조약 대책회의에서도 고종의 의중을 정확히 파악하려고 애썼다. 을사조약 대책회의 과정을 보면, 그는 조약을 거절할 수 없는 상황에서 고종이 원하는 것이 무엇인지를 살폈고, 고종이 자신에게 원한 역할이 무엇인지를 파악하려고 했다."[48]

당시의 분위기가 1905년 12월 16일자 『고종실록』에 정리돼 있다. 이토 히로부미의 을사늑약 요구에 당황한 고종은 그해 11월 15일에 각료들을 불러 대책회의를 열었다. 그러나 어느 누구도 뾰족한 대책을 내놓지 못했다. 그러자 고종은 괴로운 표정을 지으며 "일단 미뤄보자."는 말을 던졌다. 이때 고종을 유심히 관찰하던 이완용의 입에서 한마디가 튀어나왔다. 이 한마디가 고종의 마음을 흔드는 데 결정적 역할을 했다.

> "만약 폐하의 마음이 단호하셔서 끝까지 흔들리지 않는다면 다행입니다. 하지만 부득이하게 허용해야 한다면 어떻게 하실

---

[48] 김윤희, 『이완용 평전』, 한겨레출판, 2023.

겁니까?"

 당신이 끝까지 반대한다면 다행이지만, 과연 그럴 의지가 있느냐는 말이었다. 의지가 없다면 차선책을 강구해야 하지 않느냐는 말이었다. '그냥 체결해버리는 게 어떨까요?'라는 메시지와 다를 바 없었다. 고종은 답변하지 못했다. 그러고는 각료들에게 결정권을 일임했다. 정확히는 이완용한테 일임한 것이다. 결국 을사늑약은 통과됐다.

 이완용은 늑약 직전에 고종의 눈치를 살펴가며 친일파로 변신했다. 그는 고종이 머뭇거리는 모습을 보면서 친일로 돌아섰다. 친미·친러파가 될 때는 고종보다 한 발 뒤에 있었던 데 비해 이번에는 한 발 앞섰다. 그 점이 달랐을 뿐, 고종의 눈치를 살펴가며 결단을 내렸다는 점은 동일하다. 그렇게 친일파가 된 이완용은 고종을 밀고 끌면서 친일의 길로 내달렸다. 1907년에는 친일 정책에 걸리적거리는 고종을 폐위시키기까지 했다.

집도 불타고 조상들의 신주도 불에 탔다

 친일의 길에 들어선 이완용은 한국통감부 및 조선총독부 치하에서 부귀영화를 누렸다. 이 부귀는 그의 당대로 끝나지 않고 후손들에게도 대물림됐다. 이완용의 재산 문제로 인해 후손들이 언론에 자주 보도되는 것은 그의 친일 소득이 그만큼 막대했기 때문이다. 이완용은 서울 여의도 면적의 1.9배나 되는 부동산을 보유했다. 1910년 당시 재산은 지금 기준으로 약 200억 원이었다. 사망 1년 전인 1925년에는 최소 600억 원이 됐다. 그 시절에 이완용은 '경성 최대의 현금 부자'로 통했다. 민족 반역으로 돈을 벌어들인 말 그대로 '매국노'였던 것이다.

이런 삶은 세상의 증오를 받는 원인이 됐다. 을사늑약 때는 그의 집이 불탔다. 이때 그가 이근택 등과 함께 서울 남산 진고개의 '일본인 타운'으로 피신했다고 앞에서 말했다. 이때 화를 입은 것은 이완용의 집뿐만이 아니었다. 『매천야록』에 따르면 조상들의 신주가 모두 불타버렸다. 당시에 조상의 신주가 불타는 것은 집이 불타는 것보다 훨씬 막중한 일이었고, 실제로 이완용도 신주가 불타버린 것에 대해 상당히 충격을 받았다고 한다. 친일로 인해 이완용이 얻은 것도 많지만 잃은 것도 적지 않았던 것이다.

명동성당 앞에서 이재명의 칼에 찔려 죽을 뻔하다

이완용의 친일은 이토 히로부미를 뒤따라 죽을 뻔한 지경으로도 그를 내몰았다. 이토 히로부미가 죽은 지 2개월이 조금 안 되는 1909년 12월 22일, 51세의 이완용은 22세 청년 이재명의 기습을 받았다. 지금의 서울 명동성당 앞에서 벌어진 일이다. 이완용이 거기에 간 것은 벨기에왕 레오폴 2세 추도식에 참석하기 위해서였다. 남의 추도식에 갔다가 그 자신이 죽을 뻔했던 것이다.

이완용의 옥인동 가옥 신축 기사, 1909년 12월 6일자 「매일신보」에 실린 사진이다.

『매천야록』은 "완용은 비리시(比利時) 황제가 사망하여 종현교회에 설치된 추도회로 갔다"라며 "재명은 교회당 밖에서 엿보고 있다가 완용이 인력거를 타고 나타나자 칼을 휘두르며 인력거 인부 박원문을 찔렀다."고 말한다. 박원문은 상처를 입고 쓰러졌다. 그러자 이재명은 "몸을 날려 인력거에 뛰어올랐다"고 『매천야록』은 묘사한다. 달려드는 이재명을 보고 이완용은 급히 몸을 피했지만 세 군데나 찔렸다. 특히 폐를 찔린 것은 치명상이었다. 그는 대한의원(현 서울대학교병원의 전신)으로 실려가 일본인 의사들이 집도한 외과 수술로 겨우 목숨만은 건졌지만 폐를 찔린 상처가 천식과 폐렴으로 발전하여 두고두고 고생했고 훗날 사망 원인으로도 작용했다.

사망 당일 이완용 집 앞의 자동차.

'후작 이병주'는 없었다

이완용은 세상의 증오와 손가락질을 한 몸에 받으면서도 악착같이 돈을 모아 경성 최대의 현금 부자가 됐다. 덕분에 자손들도 대대로 떵떵거리고 살았다. 그런데 이완용이 목숨 걸고 벌어들인 재산을 잘 지키지 못해 잡음을 일으키는 자손들도 있었다. 이완용 사후에 그의 며느리와 손자가 어음사기 혐의로 언론에 보도되며 입방아에 오른 것이다. 고소인은 김합(金㪉)이라는 여성이었다. 그는 1930년에 이완용의 상속인이라는 '후작 이병주'가 배서했다는 어음을 담보로 약 8,000원을 빌려줬다. 돈을 꿔간 사람은 이완용의 며느리이자 이병주의 어머니인 김진구였다. 김진구는 자

이항구.

기 아들이 할아버지 이완용의 후작 작위를 상속했다며, 아들 이름이 적힌 어음을 김합에게 내밀었다. 아들을 보증인으로 내세운 것이다.[49]

1931년 11월 12일자 「조선일보」에 따르면, 통영제망주식회사 제사부(製絲部)에서 조수의 보조를 받는 남자 노동자는 오전 5시 30분부터 오후 6시 넘어서까지 일했다. 점심 시간이 15분밖에 안 돼 그의 노동 시간은 12시간을 초과했다. 숙련 기술자로 보이는 그가 중노동을 하고 벌어들이는 월수입은 25원이 좀 안 됐다. 10원도 못 버는 노동자가 숱했음을 고려하면, 노동 강도가 세기는 해도 월급은 괜찮은 편이었다. 이완용의 며느리가 빌린 약 8,000원은 이 기술자가 점심밥을 15분 내에 먹어 치우는 생활을 26년 넘게 해야 모을 수 있는 돈이었다.

---

[49] 1931년 11월 8일자 「동아일보」 기사 참조.

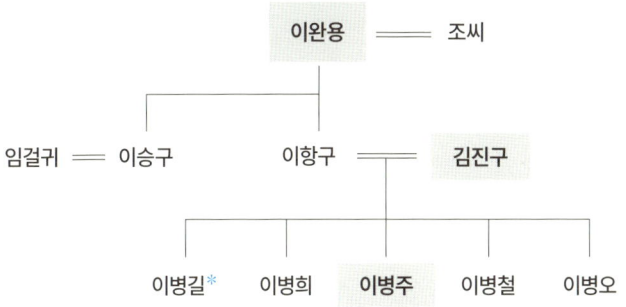

* 이병길은 이승구의 아들로 입적

　이완용의 며느리인 김진구는 이 돈을 1931년 1월부터 여덟 차례에 걸쳐 빌렸다. 그때마다 뒷면에 아들 이름이 적힌 어음을 내밀었으니 김합의 머리에는 '후작 이병주'가 각인될 수밖에 없었다.

　그런데 김진구는 변제기한이 지나도 돈을 갚지 않았다. 그제서야 뭔가 이상하다는 생각이 든 김합은 이완용 집안의 호적을 열람했고, 이병주가 이완용의 손자이긴 하지만 후작은 아니라는 사실을 알게 됐다. 이 점도 고소 사유에 추가됐다. 채무자가 돈을 갚지 않는 것도 문제가 됐지만, 보증인의 지위와 경제력이 채무자의 말과 다른 것도 문제가 됐다.

　후작은 공·후·백·자·남의 제2위였다. 일본이 대한제국 강점 직후에 은사금 지급 대상자로 선정한 친일 귀족 78명 중에서 공작은 2명이고 후작은 박영효를 비롯한 6명이었다. 이완용은 백작 3인에 포함됐다가 나중에 후작으로 승급했다. 아무리 그래도 큰

제2장. 3·1운동과 그 이후　129

돈 굴리는 김합이 '후작 이병주'의 실존 여부조차 체크하지 않고 8,000원을 빌려준 것은 부주의한 일이었다.

1920년대 중후반에는 친일 귀족들의 파산 사례가 많았다. 3·1운동으로 위축된 그들 상당수가 정치적 역할을 찾지 못한 채 도박 등에 빠져 재산을 탕진한 결과였다. 그랬기 때문에 1930년 당시의 사채시장에서는 친일 귀족들에 대한 정보가 많이 나돌 수밖에 없었다. 이런 상황인데도 김합이 실수를 저질렀던 것이다. 그러나 보증인이 누구든, 돈을 빌린 사람이 이완용의 며느리였다. 김합이 속아 넘어갈 만도 했다.[50]

[50] 이에 더해, 김합의 착각과 부주의를 조장할 만한 상황이 더 존재했다. 이완용은 죽기 6년 전인 1920년에 후작으로 승격됐다. 이 작위는 이완용 사후에 장손 이병길에게 세습됐다. 이병길은 이승구의 친아들이 아니라 이승구의 동생인 이항구의 장남이었다. 후계자가 없는 이승구의 제사를 지내기 위해 이승구의 조카가 사후양자로 입적됐던 것이다. 이항구의 장남이 큰아버지의 양자가 됐기 때문에 이항구의 차남인 이병주가 이항구의 법적 장남이 됐다. 이항구는 이완용 생전에 남작이 됐고, 이완용 사후에도 남작으로 살았다. 이승구는 오래전에 죽었기 때문에 일제강점기 사람들이 볼 때는 이항구가 이완용의 장남이나 마찬가지였다. 이처럼 이완용의 장남처럼 비치던 이항구의 남작 작위는 이항구 사후에 이병주에게 세습됐다. 1930년 당시에 이완용의 며느리는 '후작 이완용의 장남으로 보이는 이항구가 이완용 사후에 남작으로 활동하는 상황'과 '후작 이완용이 죽었으니 후작 작위가 자손 중 누군가에게 계승되지 않았겠느냐'라는 관념을 결합했다. 그는 '후작 작위가 이항구의 아들인 이병주에게 넘어갔다'는 이야기를 만들어내고, 이를 토대로 김합에게 어음을 내밀었다.

이완용 사후에 벌어진 이 사기극은 그렇지 않아도 국민 밉상인 이완용에 대한 대중의 평판을 더욱 떨어뜨렸다. 친일 귀족들의 경제적 몰락이 잦았던 시기에 일어난 이 일은 저 집안도 오래가지 못하겠구나 하는 전망을 낳는 일이었다. 그냥 잘 갖고만 있어도 몇 대가 편히 살 수 있는 돈이 이완용의 자손들에게 돌아갔다. 그것을 지키지 못해 일부 후손이 어음사기를 벌였다. 죽은 이완용의 위신을 한층 떨어트리는 일이었다.

12

'감자'와 '고구마' 사이, 순수문학에서 황국문학으로

황군위문단을 자청했다 퇴짜 맞은 김동인

1925년에 한국 자연주의 문학의 대표작 「감자」를 쓴 작가 김동인은 20년 뒤인 1945년에는 친일 소설 「고구마」를 썼다. '감자'와 '고구마' 사이의 20년 동안 순수문학인이었던 김동인은 황국문학인, 친일 작가로 변신했다.

우리 문학사에서는 김동인의 작품을 「배따라기」, 「감자」 정도만 다루기 때문에, 그의 친일 작품들은 제목조차 알려져 있지 않다. 그가 남긴 친일 소설과 산문은 「일장기 물결 - 학병 보내는 세기의 감격」, 「출정하는 자제에게 주는 말」, 「문화인의 총궐기」, 「결전 신년의 교훈」, 「남경조약」, 「아부용」, 「제재문제」, 「고구마」 등이다. 1925년에 「감자」를 발표할 당시에는 순수문학인이었다고 할 수 있지만, 1945년에 발표한 「고구마」 등을 쓸 때는 제국주의에 편향된 작가였던 것이다.

그가 왕성하게 활동한 20세기 전반기의 가장 인상적인 정치 현상은 제국주의 국가들의 동향이다. 제국주의 국가들이 아시아와 아프리카 등을 침략하거나 두 차례 세계대전을 일으킨 일이 그 시대의 가장 특징적인 현상이다. 이런 양상이 심화되던 1930년대에 김동인은 그 흐름에 직접 뛰어들어 일본제국주의를 지지하는 문학 작품들을 쏟아냈다. 이것이 순수문학인의 자세인지 아닌지는 더 이상 말할 필요도 없을 것이다.

김동인은 매우 과감했다. 일제를 찬양하는 모습이 그랬다. 조선총독부 기관지인 「매일신보」에 기고한 글들에서도 그런 태도가 드러난다. '태평양송(頌)'이 한 가지 좋은 예다.[51]

> 영국과 미국도 태평양을 자기 바다라고 말하지 못했다. (중략) 인류에게 향하여 큰 소리로 능히 이렇게 부르짖고 이 권리를 주장할 지위와 실력을 가진 자는 오직 우리 일본밖에는 없다.

일본만큼은 태평양을 일본해로 부를 자격이 있다고 말했던 것이다. 동해를 일본해로 표기하는 수준을 뛰어넘은 인물이다.

---

[51] 「매일신보」 1942년 1월 6일자 기사 참조.

김동인.

또 1월 23일자 기사 '감격과 긴장'에서는 "대동아전쟁이 발발되자 인제는 내선일체도 문젯거리가 안 됐다"라며 "지금은 다만 일본 시민일 따름이다. 한 천황폐하의 아래서 생사를 같이하고 영고(榮枯)를 함께할 한 백성일 뿐"이라고 강조했다. 일본과 조선은 하나라는 '내선일체'를 뛰어넘어, '내'와 '선'을 가릴 것도 없는 '한 백성'이 됐다고 주장한 것이다.

김동인의 친일 행위는 학병·징병 선전·선동, 대동아공영권·내선일체·황민화 선전·선동, 문학계 문필보국운동 주도 등이다. 문학인의 정체성을 넘어 일제의 선전·선동가의 영역으로까지 난입했던 것이다.

그의 친일이 도를 한참 넘었다는 점은 백제 땅을 내선일체의 성지로 미화한 데서도 증명된다. 1941년 7월 8일자 「매일신보」 3면에 소개된 소설 「백마강」이 그것이다. 「매일신보」는 "내선일체의 성지 백제를 배경으로 신체제에 즉응하여 역사소설의 신기원을 만들고자 눈물겨운 고심을 거듭하여" 만든 작품이 「백마강」이라면서

"작자는 이 백제 말년의 비극에서 처음으로 불타는 열정과 시혼(詩魂)의 약동을 느꼈다 한다"고 전했다.

기사에 인용된 '작자의 말'에서 김동인은 왜국 군대가 660년에 멸망한 백제를 되살리려 했던 사실을 거론했다. 그러면서 작품을 이렇게 소개했다.

"이 소설에서는 바야흐로 쓰러지려는 국가를 어떻게든 붙들어 보려는 몇몇의 백제 충혼과 딴 나라일망정 서로 친근히 사귀던 나라의 위국(危局)에 동정하여 목숨을 아끼지 않고 협력한 몇몇의 야마토 사람의 아름답고도 감격한 행위를 줄거리로 하고 비련에 우는 백제와 야마토의 소녀를 배(配)하여 한 이야기를 꾸며보려는 것이다."

그는 「백마강」을 통해, 백제를 되살리고자 했던 일본인들의 아름답고 감격적인 이야기를 꾸며보고자 했다. 지금 제국주의 전쟁을 벌이고 있는 일본이 예전에 백제를 살리고자 군대를 보내준 적이 있다고 말하고 싶었던 것이다. 일제가 수행 중인 침략전쟁에 대한 한국인들의 지원을 끌어낼 목적을 그렇게 드러냈던 것이다. 「조선일보」는 동인문학상 시상을 통해 김동인을 한국 문학의 사표로 형상화시키지만, 그는 문학의 내용뿐 아니라 행동 처신에서도 세상의 사표가 되기에 부족했다.

문인의 품위를 헌신짝처럼 버리다

김동인은 문인의 품위마저 갖추지 못했다. 마치 미친 사람처럼 친일을 했다. 이 점은 1938년에 겪은 굴욕이 잘 증명한다. 초조함에 쫓겨 허겁지겁 친일을 하던 그는 이 해에 적지 않은 망신을 당했다. 『친일파 99인』 제3권에 수록된 문학평론가 임규찬의 기고문 '김동인: 예술지상주의의 파탄과 친일 문학가로의 전락'은 「매일신보」를 근거로 1938년의 그 일을 소개한다. 김동인이 중병 때문에 매일 누워 신문만 읽으며 바깥 활동을 하지 못해 애태우던 시절의 에피소드다.

1938년은 일본이 중일전쟁을 도발한 이듬해다. 병석에 누운 김동인은 일본군이 승승장구하고 친일파들이 분주히 활동하는 모습을 지켜봤다. 그 마음은 초조했다. 건강 때문에 아무것도 할 수 없는 자기 자신이 한탄스러웠다. "자신을 부끄러이 여기고 자탄해 마지 않았다"고 「매일신보」는 말한다.

그해 11월 중순, 내내 병석에 누워 있던 그는 간신히 몸을 일으켰다. 건강이 약간 호전됐던 것이다. 거동이 가능해진 김동인은 즉시 택시를 타고 총독부로 달려갔다. 그리고 학무국의 문을 두드렸다. 자신을 해외에 파견할 황군위문단원으로 임명해달라고 요청하기 위해서였다.

하지만 돌아온 것은 퇴짜였다. 지원자가 많아 자리가 없다는 것이었다. 문인의 위신을 스스로 접고 황군위문단원을 자청했는

1939년 4월 8일자 「매일신보」 8면. 김동인과 박영희, 임학수가 일본군의 활동을 살펴보고 이를 문학적 형태로 한국인들에게 보고하기 위해 베이징으로 떠난다는 내용이다. 맨 왼쪽이 김동인이고 가운데가 임학수, 오른쪽이 박영희다.

데도 그런 퇴짜를 맞았던 것이다.

그러나 그는 물러서지 않았다. 포기하지 않고 다시 달려들었다. 결국 김동인은 최재서 등과 총독부 경무국 도서과를 찾아가 위문을 허락받고야 말았다. 비굴하기 짝이 없는 김동인의 모습이 총독부 사람들 눈에 어떻게 비쳤을지 짐작하기는 어렵지 않다.

해방 당일에도 총독부 사람을 만났다

김동인의 굴욕 내지 망신은 해방 당일에도 있었다. 히로히토 일왕이 항복을 선언하기 2시간 전이었다. 1945년 8월 15일 오전 10

시경인 이때, 그는 총독부의 아베 다쓰이치 정보과장을 만났다. 그에게 사업을 제안하기 위해서였다. 그의 글인 「망국인기(亡國人記)」를[52] 근거로 『친일파 99인』이 소개한 바에 따르면, 그가 아베 과장을 찾아간 것은 '문인들이 사업을 해주면 최고 50만 원을 받을 수 있다'는 말을 들었기 때문이다. 그 자신의 사업 구상을 설명하기 위해 하필이면 8·15 당일에 총독부를 찾아갔던 것이다.

그는 총독부 과장과 제대로 대화를 나누지 못했다. 그럴 만한 분위기가 아니었기 때문이다. 아베 과장이 오전 10시 정각에 누군가의 전화를 받더니 "은행에구 우편국에구 간에 예금이 있거든 홀랑 찾아내게."라며 장시간 통화를 하는 바람에 그냥 나오고 말았다고 그는 「망국인기」에 썼다. 재산을 정리해 하루빨리 한국을 떠나야 한다는 생각으로 분주한 총독부 관료 앞에서 친일사업 구상을 밝히려다가 할 말을 못하고 나왔던 것이다. 일본이 망한 줄도 모르고 친일사업 아이템을 들고 총독부를 찾아갔던 것이다.

김동인은 평양 대부호의 아들이었다. 『친일파 99인』에 인용된 월탄 박종화의 글에 따르면, 김동인은 서울에 가면 조선호텔 못지않은 고급 호텔에 투숙하고 명월관에 가면 여성 직원 수십 명의

---

[52] 김동인은 1947년 3월 잡지 「백민」에 산문 「망국인기」, 1948년 5월 「백민」에 산문 「속 망국인기」, 1948년 3월부터 1949년 8월까지 「신천지」에 산문 「문단 30년의 자취」 등을 발표하면서 일제강점기 수많은 친일 활동 행적에 대해 변명하는 논조의 글을 썼다.

술 시중을 받았다. 그가 순수문학을 표방한 것은 이 시절이다. 『친일파 99인』은 그렇게 부유했던 김동인이 1930년대 들어 가난에 시달렸다고 알려준다. "이제 스스로 돈을 벌어야만 했는데, 그것은 원고료에 의존할 수밖에 없었다."고 한다. 그가 가난해진 이유는 박종화가 해준 위의 이야기에서도 드러난다.

1930년대부터 김동인의 친일 집필 및 활동이 활발했다. 총독부 기관지에 친일 기사를 쓰는 것은 물론이고 친일 소설과 산문도 많이 써냈다. 친일단체인 조선문인보국회 간사 자리를 청탁으로 얻어내기도 했다. 위의 진상규명보고서에 인용된 「매일신보」 기사에 따르면, 「백마강」을 집필하기 위한 충남 부여 현지조사도 매일신보사와의 협조하에 이뤄졌다. 기사는 그가 「매일신보」의 파견을 받고 현지조사에 착수했다고 말한다. 「매일신보」의 비용 지급이 있었음을 추론케 하는 대목이다.

스스로 돈을 벌어야 했던 1930년대에 그가 위와 같은 행위들을 한 것은 그의 친일이 일본의 강요에 의한 게 아니었음을 잘 보여준다. 예전처럼 돈을 쓰기 위해 친일을 했다고 이해할 수밖에 없다. 그러나 돈을 벌기 위한 친일마저 여의치 않았다. 그래서 벌어진 일들이 1938년과 1945년의 굴욕이다.

「망국인기(亡國人記)」 일부

(전략) 막다른 곳에서, 이 국면을 어떻게 타개할까고 갈팡질팡할 때에 일루의 활로가 까마득히 비쳤소. 즉 춘원 이광수에게 한 패트런이 생겨서, 그 패트런이 '춘원이 무슨 사업을 하려면 50만 원까지는 내놓겠다' 하는 것이었소.

나는 이 예약된 50만 원을 가운데 놓고, 춘원과 여러 날 머리를 모으고 토의하였소. 그리고 그 토의한 결과 총독부로 정보과장 겸 검열과장인 아부달일(阿部達一: 아베 다쓰이치)을 찾았소.

지금 우리나라(일본)는 일찍이 겪어보지 못한 큰 국난에 직면해 있다. 1억의 힘을 함께 모아서 이 난국을 돌파하지 않으면 안 되겠다. 이 난국을 돌파하기 위해서는 국민 사상을 건전하고 강건하게 해야겠고, 국민 사상을 건전화하고 강건화하기 위해서는, 절대로 '문학'의 '선전력'과 '선동력'을 빌지 않으면 안 된다. 강건한 문학을 산출하여 국민 사상을 선도하는 것, 이것은 '싸우는 일본'의 최대 급무다.

1억의 사반분의 일이라는 수효를 차지하고 있는 조선인의 움직임은 일본의 운명을 좌우할 수 있는 절대적인 존재다.

공식적인 '만들어라, 보내라, 이겨라' 등의 선전이며, 지금 당국이 장려하는 따위의 시국소설 등은 조선인은 '또 그 소리지'쯤으로 읽지부터 않는다. 더욱이 국어 일본어로 쓴 소설은 조선 총인구의 절대 다수를 차지하고 있는 농부나 여인이나 노인은 알아보지도 못한다. 즉 무의미한 것이다.

한 개 작가단의 조직을 공인하라. 그리고 언문(한글) 작품 검열을 완화하라. 그 작품 언문의 내용이 건실하여 능히 국민 사상을 강건하게 할 만한 것이면 이를 허가하고 장려하라. 지금 당국에서 종이를 배급주고 재정적과 정신적으로 보조하고 장려하는 많은 소위 시국소설 등은 무슨 효과를 보이고 있는가. 억지로 떠맡기고 안겨주니 받기는 받지만, 읽지도 않고 그냥 버리는 형편이다.

대중이 신용하는 작가를 동원하여, 대중이 읽을 줄 아는 글(조선어)로서 대중이 흥미 있게 읽을 수 있는 소설을 제작하게 하여, 은연중 대중에게서 나약한 사상을 제거하고 강건한 사상을 가지게 하여, 이 난국을 돌파할 수 있는 강건한 국민이 되게 되도록.

방금 당국에서 박멸하고자 하난 대(對) 조선어의 방침과는 배치되는 바 있으나, 5,000년의 역사를 가진 조선어가 없어질 것도 아니거니와, 방금 절박한 이 시국에 있어서, 조선어 박멸쯤은 뒤로 밀고라도 국민 사상 강건화를 급속히 하는 것이 급무일 줄 안다.

방금 조선인 현역 작가 가운데 소위 협력 작가와 비협력 작가의 두 가지가 있지 않느냐. 당국에서 '작가단'을 공인해주고, 언문 작품을 용인해준다면 과거의 '비협력 작가'까지도 모두 산하에 품을 수가 있다. 이는 내가 담당하마.

이것이 정보과장에 대한 나의 주장이었소.

때는 바야흐로 전쟁도 최고조에 달하여, B-29는 매일 동경을 폭격하고, 오키나와의 싸움도 일본의 참패로 거진 끝장날 형편인 1945년 7월 말. 조선어 일어 따위의 말초적 문제로 운운할 경황이 못 되는 일본인의 입장이라, 한두 번 더 교섭이 거듭된 뒤에는, 조선문 검열을 완화하겠다는 내락이 났소.

그러나 '작가단', 조직에 대해서는 현재 총독부 직할하에 '조선문인보국회'라는 것이 있으니, 그 문인보국회에서 알맹이 작가들만 뽑아내면, '문인보국회'가 넘어지는 셈이니 '문인보국회'의 이사장인 이등(伊藤) 모의 양해를 얻어오라는 것이었소. 그래서 이등이를 찾았더니, 강원도 방면에 출장 중으로 며칠 뒤에야 돌아온다는 것이었소.

그때의 나의 계획은 예정은 이러하였소. 즉 작가단을 조직하고, (꼽아보니, 한 사람 몫 되었다고 볼 수 있는 작가(소설)가 겨우 20여 명이었소) 춘원의 패트런에게서 나온 50만 원을 이들에게 한 사람 앞 2만 원씩 현금으로 나누어주고, 이로부터 1년 안에 건실한 내용을 가진 소설 한 편씩을 완성시키라는 조건을 붙이고······.

때의 시국 형편은 이 전쟁이 절대로 1년을 더 끌 희망은 붙일 수가 없었소. 2만 원(2만 원은 당시에는 거액이었소)씩을 받은 작가들이 그때 굶주렸던 창자에 자양분을 보급하며 마음에 드는 지방을 찾아가서 천천히 창작에 착수하여 이를 진행시키는 도중에, 전쟁은 '일본의 참패'로서 끝장이 날 것이오.

전쟁이 끝난 뒤, 우리 민족의 운명, 어찌될 것은 예측할 바 없지만, 그사이 여러 해 전쟁을 겪느라고 극도로 곤궁하고, 저축의 여유도 못 가졌던 우리의 작가들은, 갑자기 이런 혼란 시기에 봉착하면 그야말로 어찌할 바를 모를 것이오. 그러한 우리의 작가들이, 2만 원씩만 받아 쥐면 그래도 나라가 정돈되기까지는 무사히 지낼 수가 있을 것이오.

춘원의 패트런도 50만 원을 이렇게 썼다 하면 과히 나무라지도 않을 것이오.

어서 이등 모가 강원도에서 돌아오면 그와 의논하여 양해를 얻어서 작가단을 조직하고······.

그 이등 모는 4월 열나흗날에야 돌아왔소. 그러나 뜻밖에도 그는 작가단에 대하여 절대 반대를 하는 것이었소.

'문인보국회'의 중심을 이룩하는 소설 작가만 뽑아낸다면 문인보국회는 무력화하고 유명무실하게 되어 문인보국회의 이사장의 입장으로는 절대 찬성할 수 없다 하는 것이었소.

이 완고에 도저히 대적할 수가 없어서, 다시 정보과장과 교섭하기로 그날은 그만치 하고, 이튿날 다시 총독부 정보과장실로 아부를 만나러 갔었소.

운명의 8월 보름날. 고관들 중에는 벌써 항복하기로 내정된 것을 암직한 데도 불구하고 아부는 그날 내색도 비치지 않고 시치미를 딱 떼고, "이등 이사장이 양해할 수 없다면 총독부 당국으로도 할 수 없다."는 것이었소. 토론은 차차 격론으로 화하여, '이등, 이 같은 무능한 늙은이의 비위를 거슬리지 않기 위하여 이렇듯 굴하니 이게 무슨 일이냐. 일·소까지 개전되어 일본의 운명이 풍전등화 같은 이 찰나에, 조선 2,600만 인구의 마음에 티끌만한 만족이라도 어서 주어서 조선의 환심을 조금이라도 더 붙들어라. 도대체 긁어 부스럼으로, 가망없는 조선어 박멸 정책을 써서 조선인의 반격심만 조장해놓은 너희들도 대체 위정가냐'고 책상을 두드리며 그에게 육박하였소.

사실 지금의 형편으로는 일본이 오늘 항복할지 내일 항복할지, 맨 막판으로서 끝장나기 전에 어서 나 자신을 비롯하여 20여 명이 생활하게 수속을 끝내놓지 않으면 안 될 형편이라, 여간 뒤가 급한 것이 아니었소.

오늘 오정에, '미증유의 중대한 방송'이 있다 하니, 혹은 그것이 무조건 항복을 온 국민에게 알리는 것인지도 모를 바요, 만약 그렇다 하면 그 뒤는 또한 미증유의 혼란 상태가 현출되어서 아무 물질적 준비가 없는 우리 같은 사람은 그 고비를 어떻게 넘길지 아득하였소.

때는 1945년 8월 15일 오전 10시 정각. 아부에게는 어디서 전화가 걸려왔소. 전화로 보내는 아부의 대답.

"응? 그건…… 두 시간만 더 기다려. 단 두 시간뿐이니 절대로 미리 말할 수 없어. 응, 응, 그러구, 예금이나 저금 있나? 은행에구 우편국에구 간에, 예금이 있거든 홀랑 찾아내게. 방금 곧…… 12시 이전에……."

그냥 아부의 전화는 계속되고 있었지만, 나는 아부를 버려두고 뛰쳐나왔소. 아부의 말눈치로 12시의 중대 방송이란 즉 항복 포고임을 방금 알았기 때문에……. (후략)

13

1919년의 '민족대표', 1944년에는 '친일대표'가 되다

교계 쿠데타를 만난 정춘수

3·1운동은 기습 시위가 아니라 예고 시위였다. 대일전단이 1919년 3월 1일 새벽부터 미리 살포됐기 때문이다.

"이날 새벽 이미 독립선언식을 예고하는 비라가 집집마다 뿌려졌고, 시내 주요한 곳에는 벽보가 나붙었으며 국민을 격려하는 조선독립신문 창간호가 독립선언서와 함께 배달되었다." [53]

---

[53] 『독립운동사 제2권: 삼일운동사(상)』에서 인용.

그리고 오후 2시 무렵, 서울 파고다공원에서는 학생 중심으로 독립선언식이 거행됐다. 2시 정각에는 서울 인사동의 명월관 지점인 태화관에서 민족대표들이 선언식을 거행했다. "불교 측 민족대표의 한 분인 한용운이 일어나 한국 및 한국인이 독립국임과 자주민임을 선언하고 그의 선창으로 일동이 대한독립만세를 일제히 불렀다."[54] 선언식을 마친 민족대표들은 태화관 사장 안순환을 통해 총독부 경무총감부에 자수했다. 전화를 받고 일본 헌병과 경찰 80여 명이 출동했고, 민족대표들은 오후 4시경 자동차에 태워져 남산으로 끌려갔다. 지금의 서울애니메이션센터 일대인 남산 중턱 왜성대의 경무총감부가 이들을 맞이했다.

그날 일제 헌병과 경찰은 민족대표 33인을 모두 체포하지는 못했다. 거리가 멀어 선언식에 참석하지 못한 4명이 있었다. 기독교 측 민족대표인 길선주·김병조·유여대, 그리고 훗날 국회 반민특위에 끌려갈 정춘수였다. 강원도 원산에서 감리교 목사로 활동하던 46세의 정춘수는 그날 선언식에 지각한 데 이어 자수까지 지각했다. 『친일인명사전』 제3권 정춘수 편의 설명이다.

"그날 열차편으로 서울에 올라왔으나 이미 선언식은 끝나고 시위가 시작된 후였다. 선언서 서명자들이 모두 체포되자 서

---

[54] 『독립운동사 제2권: 삼일운동사(상)』에서 인용.

울에 머물면서 상황을 살피다가 3월 7일 종로경찰서에 자수해 재판을 받았다."

65세에 변심

정춘수는 충청도 청주 사람이다. 운요호가 강화도 앞바다에서 도발을 일으키기 2년 전인 1873년이 그가 태어난 해다. 목사가 된 것은 38세 때인 1911년, 대한제국이 멸망한 다음 해였다. 1919년에 민족대표 33인이 됐다가 징역 1년 6월을 선고받고 1921년 5월에 출소했다.

출소 뒤 개성·철원·평양·서울 등지에서 목사로 활동한 정춘수는 독립운동권에서도 비중 있는 역할을 수행했다. 54세 때인 1927년에는 대표적인 좌우 합작단체인 신간회의 간사로 선출됐다.[55] 이 외에, 흥업구락부와 적극신앙단 같은 민족주의 단체에도 그의 발자취가 보인다.

그랬던 그가 65세 때 변심했다.『친일인명사전』에 따르면 정춘수는 "1938년 5월 기독교계 부일협력단체인 경성기독교연합회(7월에 조선기독교연합회로 확대됨)를 창립할 때 부위원장을 맡았다." 경성기

---

[55] 신간회 창립 이틀 뒤에 발행된 그해 2월 17일자『동아일보』는 회장 이상재와 부회장 홍명희를 선출한 다음에 35명의 간사가 선발됐다고 전했다. 그 35인에 정춘수가 있었다.

독교연합회에서 발전한 조선기독교연합회의 회칙을 살펴보자. 회칙 제2조는 "본회는 기독교의 단결을 도모하고 상호 협력하여 기독교 전도의 실효를 실행하여 황국신민으로서 보국의 성(誠)을 치(致)하는 것을 목적으로 한다."고 규정하고 있다.[56]

이 단체의 목적은 한마디로, '천국 백성'이 아닌 '황국신민'으로서 일왕에 대한 성의를 다하는 것이었다. 기독교 전도를 해서 황국신민의 도리를 다하겠다고 선언하다니, 앞뒤가 맞지 않는다. 이런 회칙을 만들었다는 것은 이들이 친일에 눈이 멀어 논리적 모순까지 신경을 쓸 여유가 없었음을 보여준다.

그런 단체의 부위원장이 됐다면, 친일을 하기로 마음을 먹었다는 의미가 된다. 그로부터 얼마 뒤, 정춘수는 비밀 민족주의단체인 흥업구락부의 회원이었음이 밝혀져 반일 혐의로 구속됐다. 하지만 오래 수감되지는 않았고, 기소유예로 풀려났다. 전향을 했기 때문이다.[57]

일제강점기판 뉴라이트

중일전쟁 발발(1937.7.7.)로 인해 한국인들을 전쟁에 동원할 필요

---

[56] 『친일반민족행위진상규명보고서』 제4-16권 정춘수 편 참조.
[57] 『친일반민족행위진상규명보고서』 제4-16권 정춘수 편에 따르면, "전향 성명서 발표 후 기소유예로 풀려"났다고 한다.

성이 더욱 커진 이 시기에 일제는 독립운동권에서 친일파들을 대거 수혈했다. 1937년 11월에는 홍난파가, 1938년 11월에는 이광수가 전향했다. 운동권 출신들이 친일 우익 진영의 주류가 되는 현상이 이때부터 나타났다. 65세의 정춘수도 이런 트렌드를 따라잡았다.

이 새로운 우파들은 원조 친일파 못지않은, 아니, 그 이상의 충성심을 과시했다. 정춘수도 예외가 아니었다. 그는 감리교인들을 '하나님의 전쟁'이 아닌 '일왕의 전쟁'으로 내모는 일에 열과 성을 다했다. 1939년 9월에 감리교 지도자인 총리사(감독)가 된 그는 '국가에 대한 헌금'을 독려하는 통지를 교인들에게 발송했다. 이 통지를 발송한 '타이밍'이 기막히다. 발송일은 그해 크리스마스였다.

그는 1940년 7월 하순에는 각 교회마다 애국반을 조직하라는 통첩을 보냈다. 일왕에게 충성하기 위한 소그룹을 만들라는 지시를 내렸던 것이다. 1941년 10월, 그는 교회 철문과 철책을 '국가에 헌납하라는 '종교보국 5개 항'을 결의했다. 1942년 2월에는 철문과 철책은 물론이고 교회종까지 헌납할 것을 교구장들에게 요구했다. 신앙심은 물론이고 이성까지 상실한 종교 지도자로 타락했던 것이다.

25 : 0으로 굴욕적인 불신임을 당하다

정춘수 외에도 친일 목사들은 많았다. 하지만, 그의 행동은 누가 봐도 지나친 것이었다. 해도 해도 너무한다는 인상을 교인들이 받은 듯하다. 그래서 감리교 내부에서 쿠데타가 일어난다. 그의 개인사에 굴욕으로 기록될 만한 일이었다.

1942년 10월에 열린 감리교 총회에서 정춘수의 불신임안이 결의되었다. 심지어 25 대 0, 만장일치였다.[58] 교계 지도자가 이 정도의 불신임을 받았다면 종교적 파문을 당했다고 봐도 무방하다. 굴욕의 수준을 넘어서는 일이다.

그러나 정춘수는 반성하지 않았다. 성직자 인생의 명운이 걸린 이 순간에 그는 '그의 하나님'인 일제에 SOS를 쳤고, 일제는 즉각 응답했다. 일본 경찰의 지원을 받아 정춘수는 감리교 총회 해산을 공고했다. 일제 경찰을 끌어들여 총회를 무력화시켰던 것이다. 이로써 총회는 무기 휴회를 하게 됐다.

그러자 교인들이 반격을 시도했다. 교인들은 불신임안을 관철시키기 위해 지방을 순회했다. 하지만 이 시도는 실패했고, 순회운동을 벌이던 목사들은 일본 경찰에 끌려갔고, 그중 일부는 금고형까지 받았다.[59]

---

[58] 『친일인명사전』; 1992년 1월에 「민족문제연구」에 실린 김민철 반민족문제연구소 연구원의 '친일인물 정춘수' 참조.

[59] 1992년 1월에 「민족문제연구」에 실린 김민철 반민족문제연구소 연구원의 '친일인물 정춘수'에 따르면, 지방으로 순회운동하던 유형기·구성서·전효배·정일형·송흥국 목사 등이 일본 경찰에 피검되어 전효배·송흥구 목사는 10개월의 금고형을 받았다.

교인들의 거센 반발이 일어나자 정춘수는 일단 지도자 자리에서 물러났다. 그러나 그것은 잠시였다. 다음 지도자가 된 목사는 일제의 압력으로 물러나고, 1943년 10월 3일 정춘수가 돌아온다. 그리고 그는 감리교회를 대일본제국 조선감리교단으로 개편했다. 일제를 등에 업고 교단의 지도자 자리를 되찾고 교단의 친일화를 가속화시켰던 것이다. 일제의 개입이 아니었다면 정춘수의 굴욕은 한국 기독교 역사에서 한층 뚜렷하게 부각됐을 것이다.

해방 뒤에도 공개 비판을 받다

정춘수는 일제의 힘을 빌려 교단 지도자 지위를 사수하고 위신 추락을 최소화했다. 답례로 그는 더 열심히 친일했다. 감리교인들을 전쟁으로 내모는 것은 물론이고 그들을 노동으로도 내몰려 했다. 그는 교회에 나오는 시간보다 노동하는 시간을 더 많이 가질 것을 요구했다. 평범한 목사의 입에서 나오기 힘든 희한한 요구였다. 대중의 정신과 체력을 노동에 집중시키려는 일제 자본가들의 이익을 그가 대변했던 것이다. 1944년에 정춘수는 예배 집회시간도 단축하여 주 1회만 집회하도록 하고, 근로시간을 늘리도록 각 교회에 통고했다. 1919년의 '민족대표'가 1944년에는 '친일대표'로 변질되어 있었던 것이다.

1945년 해방 뒤에 그는 거물급 친일파로 분류됐다. 그의 굴욕은 해방정국에서도 있었다. 친일 청산을 추진하는 감리교 재건

평양 신사를 찾아가 참배하는 장로회 대표단. 1938년 9월 12일자 「조선일보」에 실린 사진이다.

파들이 그달 4일에 정춘수 외 18명의 죄상을 공개적으로 비판했다.[60] 정춘수 등의 죄목은 '경전 모독, 교회 모독, 교회 재산 부정 처분, 교권 남용' 등이었다. 교회 모독보다 중한 하나님 모독까지 죄목에 포함되어 있었던 것이다.

1949년 3월, 반민특위 경찰인 특경대가 76세의 정춘수를 체포하러 경기도 포천으로 출동했다. 그러나 그는 집에 없었다. 그는 자기 발로 반민특위 중앙사무국을 찾아갔다. 특경대가 집을 덮쳤다는 소식을 듣고, 체포되기 전에 자진 출두했던 것이다. 1919년

---

[60] 1947년 3월 7일자 「조선일보」 2면 참조.

1949년 반민특위 재판 공판 모습.

3월에는 일제 경찰과 직접 부닥치지 않는 방법으로 자수하고, 30년 뒤인 1949년 3월에는 반민특위 경찰과 직접 부닥치지 않는 방법으로 자진 출두했던 것이다.

그는 두 달간 구속됐다가 기소유예로 풀려났다. 그러나 친일 행적에 대해 변명으로 일관하며 반성하지 않는 그의 태도에 감리교단은 결국 목사직을 파면하여 출교시켰다. 정춘수는 또다시 '전향'을 한다. 이번에는 천주교였다. 『친일인명사전』에 따르면 정춘수는 "1949년 10월 명동성당의 노기남 주교를 찾아가 천주교로 개종했다."고 밝히고 있다.

한국전쟁 중인 1953년 1월 10일, 80세 나이로 그는 세상을 떠났다. 1980년에 충청북도는 그의 동상을 청주시 우암산 삼일공원에 세웠다. 이 동상을 철거하기 위한 시민들의 투쟁이 1996년

2·8 독립선언 77주년에 결국 실현됐다. 그러나 동상만 철거됐을 뿐이다. 그와 그의 일당들이 만든 친일의 흔적은 우리 사회에서 아직 철거되지 않았다.

親日派屈辱

제3장

해방과 그 이후

김 대 우	양 재 하	김 창 룡
홍 사 익	장 덕 수	최 승 희

親日派屈辱

8·15 해방은 친일파들을 그들의 주인과 강제로 분리시켰다. 이는 친일파의 역사에서 전혀 새로운 국면이었다. 1910년 강점 이전에도 그들은 일본 국가권력의 비호를 받았다. 1894년부터 일본군이 주둔했으므로 대한제국 정부 하에서도 그들은 안전을 보장받을 수 있었다. 그런데 1945년 8월 6일과 9일에 히로시마·나가사키에 투하된 원자폭탄은 그들의 가슴을 황폐하게 만들었다. 며칠 뒤 그들의 주인은 무조건 항복을 선언하고 한국을 떠날 채비를 했다. 이 때문에 친일파들은 갑자기 주인을 잃게 됐다.

떠나는 일제는 부역자들을 챙기지 않았다. 일제는 자국민 챙기기에 바빴다. 친일파들은 일본 국민으로 자처했지만, 일제가 패망한 상황에서 그것은 덧없는 이야기였다. 일제와 친일 세력 사이의 의리는 지켜지기 힘들었다. 일제가 한국에 계속 남을 수도 없고, 패망한 마당에 바다 건너편에서 응원할 수도 없었다.

그런데 일제가 그 바쁜 와중에도 챙긴 것이 있다. 바로, 자신들의 신이다. 총독부가 자국민보다 먼저 챙긴 것은 일본의 신들이었다. 이들은 한국 각지의 신궁·신사에 있는 일본 신들을 바다 건너로 띄워 보내는 의식부터 거행했다. 패망 다음 날인 8월 16일에 이런 일이 있었다. 이 일이 얼마나 급했는지를 짐작할 수 있다.[61]

이 의식은 성난 한국인들에 의해 조선신궁 등이 훼손될 가능성과 더불어, 한국인들이 일본 신들을 억누르겠다며 그 터에 종교시설을 지을 가능성에 대비하는 것이었다. '우리 신들은 더 이상 여기 없으니 쓸데없는 짓을 하지 말라'는 메시지를 남기는 것이었다. 자기 나라 신들에 대한 존경심을 표하는 성격도 띠었음은 물론이다.

일본은 이렇게 자국 신들과 자국민들은 챙기면서도 친일파들은 돌보지 않았다. 자신들이 떠난 땅에서 옛 동지들이 겪게 될 상황에는 신경 쓰지 않았다. 이처럼 암담한 환경이 조성됐기 때문에, 한국 친일 세력은 8·15를 계기로 몰락했어야 한다. 이북에서는 그런 일이 일어났다. 그러나 이남에서는 그렇지 않았다. 38도선 이남의 친일파들은 의외의 생존력을 보여줬다. 이는 일차적으로 친일 청산에 관심 없는 미군이 한국에 주둔했기 때문이지만, 한국 친일파의 자체적인 생존 노력이 컸기 때문이다.

---

[61] 광복절 특집인 1970년 8월 19일자 「조선일보」 3면 기사는 패망 이튿날의 총독부 관계자 회합에서 '남산 조선신궁을 비롯한 전국의 신궁·신사에서 신을 하늘로 올려보내는 승신식을 거행한다'는 방침이 채택됐다고 설명한다.

친일파들은 패망 한 달 만인 1945년 9월 16일에 한국민주당(한민당)을 창당했다. 그런 뒤 미군정과 협력해 그들의 여당 지위를 확보했다. 한 달 전만 해도 미국과 영국의 격멸을 외치던 이들이 아무일 없었다는 듯이 미군정청에 머리를 조아렸다. 이런 아부를 바탕으로 친일 세력은 1948년 정부수립 때까지 가장 강력한 정치 세력의 위상을 유지했다.

이런 어이없는 일이 일어난 데는 친일 세력의 강력한 경제력이 단단히 한 몫을 했다. 그들은 경제력을 바탕으로 미군정 여당의 지위를 확보하고, 이를 토대로 한국 민중의 공격으로부터 자신들을 보호했다. 그들은 미군정의 지원 하에 일본인 재산인 적산(귀속재산)에도 손을 댔다. 일본인들이 두고 간 재산을 값싸게 불하받는 방법으로 그들은 경제력을 더욱 배가시켰다. 이런 경제력에 기반한 조직력도 그들이 위기를 벗어나는 데 도움이 됐다.

친일 세력은 한민당 창당 후에 더 강해졌다. 친일 완장을 떼고 친미 완장을 새로 찬 그들은 이전 주인보다 훨씬 강력한 새로운 주인의 비호를 받았다. 그들은 군정청의 여당 지위까지 확보했다. 이는 이전에 없었던 일이다. 일제는 그들에게 그런 지위까지는 주지 않았다. 그들과 외세의 밀착도는 8·15 이전보다 이후에 더 높았다.

친일파와 미군정의 제휴로 인해, 일제와 친일파에 대한 한국 민중의 저항은 미군정과 친일·친미파에 대한 저항으로 바뀌었다. 1946년 대구 10월항쟁, 1948년 제주 4·3항쟁 및 여순항쟁은 대표적인 사례다. 이런 항쟁들은 친일 세력이 미군정과 함께 한국의 운명을 농단하는 것에 대한 대응이었다. 이런 싸움은 흔히 좌우 대결로 불린다. 그러나 본질은 한국 민중과 친일파의 대결이었다. 좌우 대결이란 표현은 이런 본질을 은폐한다.

이 시기에 친일파들은 기득권을 지켜냈지만, 그런 가운데서도 굴욕을 당했다. 해방을 계기로 폭발한 민중의 에너지는 3·1운동에 버금가는 것이었다. 해방정국에서 발생한 굵직한 항쟁들은 민중의 에너지가 어떠했는지를 가늠케 한다. 친일파들이 제아무리 강력한 새 주인을 만났다 해도 이 열기를 완전히 피할 수는 없었다. 그들은 대구항쟁·제주항쟁·여순항쟁 와중에 목숨을 많이 잃었다. 그들 역시 적지 않은 인명 손실을 입었다.

물리적 충돌 이외의 방법으로 위신 추락을 겪는 친일파들도 이 시기에 당연히 있었다. 친일파 김성수(1891~1955)도 그런 사례에 속한다. 경성방직과 동아일보사를 설립한 이 호남 재벌은 침략전쟁을 선동하는 흥아보국단·조선임전보국단·국민정신총동원조선연맹·국민총력조선연맹에 참여했다. 또 라디오 출연과 강연 등을 통해 친일 발언을 하고 군용기 건조비도 헌납했다. 징병과 학병 지원을 독려하는 기고문도 발표했다.

해방 직후에 한민당을 창당한 그는 새로운 질서 하의 정치 지도자를 꿈꿨다. 1946년 10월 21일부터 31일까지 실시된 남조선과도입법의원(입법의원) 선거에 출마한 것은 그 때문이다. 미군정 의회를 구성하는 이 선거에서 그는 서울 지역 후보자로 출마했다. 서울 시내 행정구역별로 선발된 유권자 564명이 참여한 1차 투표에서 그는 선거구 세 곳 중 하나인 '전체 지구'의 후보자로 나서 107표를 얻었다. 등수는 2위였다. 그 뒤에 여운형(17표)과 이승만(12표)이 있었다. 그는 2차 투표에서도 좋은 성적을 거둬 서울 지구 당선자 3명에 포함됐다.

여운형과 이승만을 여유 있게 제친 데서도 알 수 있듯이, 55세의 김성수는 향후 수립될 새로운 정부의 유력한 지도자였다. 그러나 그는 그 기회를 살리지 못했다. 그의 당선은 곧바로 무효가 됐다. 부정선거가 극심했던 결과다. 일례로, 오늘날의 대학로 인근인 서울 종로구 명륜동에서는 동네 반장이 주민들을 대신해 투표했다. 부정행위 때문에 강원도 입법의원 선거와 더불어 서울시 입법의원 선거는 무효 처리됐다. 부정선거 감시망이 촘촘해진 뒤인 그해 12월에 재선거가 실시됐다. 이 선거에서 김성수는 조소앙에게 패해 낙선했다. 한층 공정해진 선거에서 독립운동가에게 일격을 당한 것이다. 그의 패배는 계속 이어졌다. 조소앙의 사퇴로 1947년 2월 치러진 보궐선거에서도 또다시 고배를 마셨다.

김성수는 강력한 자금과 조직력의 보유자였다. 거기다가 한민당 지도자였다. 그런데도 입법의원의 문턱을 넘지 못했다. 부정선거 감시망 때문이기도 했지만, 친일파에 대한 혐오 정서와도 관련이 컸다. 그 당시에는 한민당을 '친일 원흉'으로 부르는 사람들이 많았다. 한민당이 이에 민감했다는 점은 1947년 7월 30일자 「동아일보」 1면 좌단에 대문짝만하게 실린 항의 성명에서도 확인된다. 이에 따르면, 한민당은 미소공동위원회에 제보된 투서에 "친일 원흉 한민당 급(及) 그 계열을 반다시 공위(共委)에서 제외할 것"이라는 문구가 들어간 사실을 문제 삼았다. 한민당 및 그 계열을 미소공동위원회에서 배제하라는 투서에 '친일 원흉'이란 표현이 들어간 것에 불만을 품고 성명을 발표했던 것이다. 이 성명은 이런 표현을 쓰지 말아달라는 촉구였다.

김성수는 한민당 지도자였다. 정치 2선에 있었다면 친일 원흉이란 비판을 덜 받았겠지만, 1선에 있었기에 그 비판을 온몸으로 감수하지 않을 수 없었다. 이는 그가 선거 때마다 패배를 맛보는 데서 그치지 않고, 대한민국 정부의 첫 대통령직을 독립운동가 출신에게 넘기는 원인으로도 작용했다. 김성수의 굴욕으로 인한 반사이익이 이승만에게 돌아갔던 것이다. 해방정국은 독립운동가들이 아니라 친일파들이 승승장구하던 시기다. 이런 시기에도 한민당 지도자 김성수는 거듭거듭 패배의 쓴맛을 보아야 했다.

제3장에서는 친일파 여섯 명을 소개한다. 김창룡, 장덕수, 최승희처럼 잘 알려진 친일파들과 김대우, 양재하, 홍사익처럼 덜 알려진 친일파들의 굴욕에 대해 살펴보자.

14

일왕의 항복 방송에
눈물이 방울방울

일제 패망 시에도 일본을 위해 동분서주하다 공개 면박을 당한 김대우

3·1운동 당일, 서울 탑골공원의 열기는 대단했다. 지금 우리는 그 분위기를 온전히 실감하기 힘들다. 현장을 지켰던 사람들의 증언을 통해 간접 경험을 할 수 있을 뿐이다. 당시 연희전문학교 (훗날의 연세대) 학생 정석해는 '조선 독립 만세', '왜놈 물러가라'는 구호가 "지축을 진동"시켰다고 회고했다. 주관적 느낌이 들어갔겠지만, 탑골공원 주변의 서울 시내에서 울려 퍼진 함성과 열기가 어떠했을지 가늠할 수 있다.

"백의(白衣)의 청년들이 앞을 다투어 대열에 가담했다. 인파는 광화문 네거리까지 꽉 메웠다. 우리 눈에는 왜놈 하나 보이지

않았다. 모두 만세꾼들이었다. 우리의 발걸음 앞에는 거칠 것이 없었다. '왜놈 물러가라'는 함성은 지축을 진동했다. 광화문 네거리에 이르러서 대열은 양분되었다. 한 대열은 경복궁으로 향했다. 그 후에 들은 말이지만 그리로 가서 광화문 앞에서 만세를 부를 때는 순사 한 사람이 순사 모자와 제복을 찢어 던지고 '조선 독립 만세'를 부르며 시위에 가담하여 대중에게 깊은 인상을 주었다는 것이다."

정석해, '남대문 역두의 독립 만세'[62]

1919년판 촛불혁명이 폭발한 광화문에서는 일제 순사가 모자를 벗어 던지고 제복을 찢어 던지며 '조선 독립 만세'를 외치는 장면들이 있었다. 제복을 벗어서 던지지 않고, 찢어서 던졌다. 손으로 찢기 힘들었을 제복을 군중이 보는 데서 찢었다. 그날 광화문의 에너지가 순사에게 그런 괴력을 안겼는지도 모른다.

"서울의 거리는 열광적인 독립만세를 연달아 부르는 군중들로 가득 찼다. 어느 틈에 만들었는지 종이로 만든 태극기의 물결, 대열 앞에는 학생들이 선두에 섰으며, 서울 시민들과 지방에서 올라온 시골 사람들이 이에 호응하였다. 시위 군중들의 맹렬

---

[62] 1969년 3월호 「신동아」에 기고한 '남대문 역두의 독립 만세'. 이 기고문은 『한국독립운동의 역사 제19권』에 인용되어 있다.

> 한 기세에 일본 관헌들도 멍청하게 수수방관하고 있었다. 지금
> 의 광화문 세종로 거리인 육조 거리가 콩나물시루같이 인파로
> 빽빽하였다. 그 속을 인력거를 타고 지나던 일본인 경기도 지
> 사에게 모자를 벗어들고 만세를 부르라고 호통을 치니까 혼비
> 백산한 이 자는 시키는 대로 고분고분 만세를 불렀다. 해가 저
> 물어도 만세 소리는 여기저기서 산발적으로 들려왔다."
>
> 이희승, '내가 겪은 3·1운동'[63]

광화문에서 모자를 벗어 던진 일제 관헌은 그 순사 하나가 아니었다. 인력거를 타고 현장을 지나던 일본인 경기지사도 시키는 대로 모자를 내던지며 만세를 불렀다. 일본인인 그는 옷을 찢지는 않았다. 대신, 더한 것이 찢겨나갔다. 이희승의 글에 따르면 그는 "혼비백산"했다. 옷이 아닌 영혼이 찢겨나갔던 것이다. 지축의 진동이 그 같은 분위기를 만들어냈던 것이다.

1919년 3월 1일 파고다공원 시위의 주역

그날의 시위 현장에는 머지않아 친일파로 변신하게 될 경성공업전문학교(훗날 서울공대에 흡수) 학생 김대우(金大羽)도 있었다. 그는 3

---

[63] 한국독립운동사편찬위원회와 독립기념관 한국독립운동사연구소가 펴낸 『한국독립운동의 역사 제19권』에 인용된 문장이다.

월 1일 오후 2시 파고다공원에서 학생들이 주최한 독립선언식에 참여하여 시위를 벌였다.[64] 그리고 일제 경찰에 체포되어 7개월의 징역형을 언도받고 옥살이를 했다. 징역형과 더불어 집행유예 3년도 선고됐다. 그 선고가 나올 때까지 감옥에서 고생을 하기는 했던 것이다.

1900년 7월 10일 평안남도 강동군에서 출생한 김대우는 강동공립보통학교와 경성고등보통학교(훗날의 경기고, 당시는 중등 과정)를 거쳐 경성공전에 들어갔다. 3·1운동 발생 당일에는 경성공전 학생 대표 자격으로 만세 시위에 참가했다. 그날 시위의 '주모자' 중 하나였던 것이다.

김대우와 가까운 장소에서 독립 만세를 외쳤을 스무 살 학생 정석해는 해방 뒤 연희전문학교 교수가 됐다. 정석해는 4·19 혁명 때도 시위에 참가했다. 61세였던 이때, 그는 교수단 시위를 주도했다. 김대우는 정석해와 다른 길을 걸었다. 1921년 3월 26일 경성공전을 졸업한 그는 1925년에 규슈제국대학 응용지질학과를 졸업했다. 그 시점에 총독부 관료로 변신했다.

그 당시 직함은 '조선총독부 임야조사위원회 서기'였다. 말단 직책이기는 하지만 항일운동가 출신에게는 어울리지 않는 자리였다. 임야조사사업의 본질은 토지조사사업과 다르지 않았다. 한국

---

[64] 『친일파 99인』 제1권 김대우 편 참조.

임야를 제국주의적 이해관계에 따라 재편하는 프로젝트였다. 이런 일에 참여했다는 것은 이 시기의 그가 일제의 지배를 내면적으로 수용하고 있었다는 느낌을 갖게 만든다. 경성공전 졸업자가 말단직인 임야조사위 서기를 거절했다면, 총독부가 다른 자리라도 만들어서 붙들어뒀을 수도 있다. 임야조사사업의 의미를 충분히 알 수 있었을 지식인이 그런 자리를 받아들인 것은 1919년 옥살이를 하던 기간에 그가 느꼈을 어떤 심경의 변화를 추측하게 만든다.

총독부는 말단 직책을 오래 맡기지 않았다. 28세 때인 1928년에 그는 평안북도 박천군수로 임명됐다. 1930년에는 평안북도 산업과장이 되고 1936년에는 총독부 학무국 사회교육과장이 됐다. 지금으로 치면 교육부 국장급이 된 셈이다. 그 뒤 전라남도와 경상남도의 부장급이 됐다가 1943년에 전라북도지사, 1945년에 경상북도 지사가 됐다. 일제 치하의 한국인 관료가 갈 수 있는 최고 위직까지 올라간 것이다.

황국신민서사 제정에 참여하다

김대우는 일제 치하의 반체제운동 때문에 투옥된 경력이 있는데도 도지사까지 되었다. 이는 그가 일본인들의 눈에 믿음직스럽고 성실하게 비쳤음을 보여준다. 그는 마음으로도 열심히 친일을 했다. 이 점은 황국신민서사 제정과 관련해서도 나타난다. 일왕에 대한 언약문인 황국신민서사의 전문은 이렇다.

> 1. 우리는 황국신민이다. 충성으로써 군국(君國)에 보답하련다.
> 2. 우리 황국신민은 신애(信愛)협력하여 단결을 굳게 하련다.
> 3. 우리 황국신민은 인고단련하여 힘을 길러 황도(皇道)를 선양하련다.

1937년 10월 무렵, 김대우는 일제가 온 국민으로 하여금 외우고 부르도록 한 '황국신민의 서사'를 제정하는 계획을 입안했다. 역사학자 임종국(1929~1989)에 따르면, 김대우가 황국신민서사 문구를 직접 창작한 것은 아니지만 책임자가 되어 문구 작성을 주도한 것은 사실이다.[65] 3월 1일 만세 현장에 학생대표로 있던 사람이 일본을 위해 이런 일까지 했던 것이다.

김대우가 마음속으로도 일본을 사랑한다는 점이 겉으로 드러나지 않았다면, 총독부가 황국신민서사 제정 작업을 그에게 맡겼을 리 없다. 황국신민서사 제정을 맡겨도 될 만큼 일제에 충성한다는 확신이 있었기에 그 임무를 수여했다고 볼 수 있다. 그의 투옥 경력을 감안하면, 총독부의 확신이 강했으리라고 볼 수 있다.

일본이 그를 얼마나 믿었는지는 1945년 패망 당시에 맡긴 책무

---

[65] 『친일파 99인』과 임종국의 『실록 친일파』 참조.

에서도 나타난다. 일본인과 일본 재산을 한국 밖으로 안전하게 내보내야 했던 총독부는 여운형 같은 한국인 지도자들에게 행정권을 이양하고 안전을 보장받는 방안을 강구했다. 이때 한국인 지도자들과 교섭하는 임무를 받은 인물이 김대우였다. 김대우는 송진우를 끌어들이는 임무를 맡았다. 김대우는 이 협상을 성사시키지 못했지만, 일본 패망 당시에도 그런 임무를 수행했다는 것은 김대우에 대한 일본의 신뢰가 얼마나 컸는지를 짐작하게 만든다.

해방 직전부터 기(氣)가 이상해지다

일제의 몰락이 임박한 시점부터 김대우에게 변화가 생겼다. 45세의 일제 도지사가 여럿이 있는 데서 꾸지람을 듣거나 약한 모습을 보이거나 망신을 사는 일들이 일어났다. 그를 둘러싼 기(氣)가 변하기 시작했던 것이다.

그것을 보여주는 한 장면은 총독부의 지시를 받고 열세 살 많은 송진우에게 접촉했을 때에 일어났다. 일제강점기 때 「동아일보」 기자를 역임하고 1949년에 국회의원 보궐선거에서 당선될 이상돈(1912~1997)이 송진우와 김대우가 만나는 그 현장에 있었다. 총독부는 패망 닷새 전인 1945년 8월 10일부터 송진우와 교섭을 벌였다. 김대우는 그때 투입된 총독부 사절 중 하나다. 김대우가 창덕궁 서편인 송진우의 서울 원서동 자택을 방문하는 모습을 목격한 이상돈은 그 상황을 이렇게 회고했다.

> 그 당시 필자는 친일 거물 관리인 김대우(경남도지사)가 고하(송진우의 호) 댁으로 찾아와서 총독의 뜻을 전달하고 집요하게 수락을 독촉하자, 고하가 노기 띤 어조로 '지금이 어느 때인데 돌아다니며 부질없는 언동을 하는 거요! 노형은 자숙·대기할 처지라는 것을 명심하시오'라고 일갈하는 장면을 본 일도 있다."[66]

일제 도지사가 단둘이 있는 데서도 아니고 관찰자가 지켜보는 데서 꾸지람을 들었다. 그를 지켜주는 일제의 힘이 크게 약해졌음을 반영하는 장면이다.

사람들이 보는 앞에서 면박을 당한 김대우는 그 직후인 8월 15일에는 하염없는 눈물을 흘렸다. 『친일파 99인』은 8월 15일 정오에 일왕의 항복선언을 라디오로 청취할 당시에 그가 보여준 모습을 이렇게 묘사한다.

> "그는 일왕의 항복 소식을 엄숙한 자세로 들으면서 하염없이 눈물을 흘렸다. 일제의 식민지 지배가 영원할 줄 알았던 김대우에게 일본의 패망 소식은 가슴을 무척이나 아프게 했던 것이다."

---

[66] 이상돈이 기고한 1990년 4월 4일자 「조선일보」 기사 '내가 겪은 체험 내가 본 사건' 참조.

김대우의 딱한 모습은 이 정도로 그치지 않았다. 뒤이어 다가온 미군정 하에서는 훨씬 더한 상황에 놓이게 됐다. 위 책은 "미군 도지사가 취임한 다음 날 아침 갑자기 도청에 출근하여, 나는 파면된 것이 아니고 아직 도지사라고 주장하여 큰 소동을 일으켰다"고 말한다. 그는 "모든 조선인 관리는 현업에 충실하라."는 군정 장관의 발언을 금과옥조처럼 내세웠다. 어느 정도는 립서비스 측면을 띠고 있었던 그 말을 자신에게 유리한 방향으로 멋대로 해석한 것이다. "김대우의 이러한 뻔뻔스러운 행동은 많은 경북도민의 냉소를 자아냈다."고 위 책은 말한다. 결국 그는 10월 18일부터 새롭게 도지사가 된 미군 대령 밑에서 도지사 고문 일을 하게 됐다.

도망자가 되다

김대우는 1946년 1월에 또 다른 일로 인해 세상의 주목을 받았다. 해방 직후에 도지사 지위를 이용해 공금에 손을 댄 사실이 이때 밝혀졌다. 조사 결과 공금 20만 원을 국제회관 주인 주경진에게 주는 등, 50만 원이 넘는 거액을 멋대로 사용한 것으로 드러났다. 해방 직전에 서울의 중급 가옥 한 칸은 980원 정도였다. 김대우가 횡령한 50만 원이라는 액수는 서울의 집 510채를 살 수 있는 어마어마한 거액이었던 것이다.

그는 공금 횡령에 대처하는 면에서도 깔끔하지 못했다. 검찰

소환에 불응했을 뿐 아니라, 마포경찰서장인 동생 김호우를 대신 출석시키기까지 했다. 경찰이 검찰보다 막강했던 시절이었던지라, 경찰의 파워를 앞세워 검찰 수사를 위축시키고자 했던 듯하다. 검찰 출석을 피한 김대우는 그 뒤 모습을 감췄다. 도망자 신세로 전락했다.

  그런 생활에 마침표를 찍고 터닝포인트를 만든 것은 역설적이게도 반민특위 체포였다. 이는 해방으로 인한 그간의 굴욕들을 청산하는 계기가 된다. 1949년 2월 반민특위에 체포된 김대우는 공민권 3년 정지를 구형받았으나, 증거 불충분으로 무죄 석방되었다. 4·19 혁명 직후, 자유당 정권이 몰락한 직후의 총선에서 민주당 공천으로 경남 양산에서 출마했으나 4위로 낙선했다. 76세로 오욕의 생을 마감한 것은 1976년 4월 22일이었다.

15

건준으로 갈아탄 친일파,
한여름밤의 꿈을 꾸다

해방 다음 날 총독부 기관지를 접수하려다 실패한 양재하

1940년 8월에 「조선일보」와 「동아일보」가 폐간됐다. 그 이후, 한국어로 발행된 신문은 총독부 기관지인 「매일신보」 하나뿐이었다. 그래서 매일신보사에 들어가지 않는 한, 식민지 한국에서 한국어로 일간지 기사를 쓸 기회는 없었다.

당시 서울에서 일간신문을 인쇄할 수 있는 시설을 제대로 갖춘 곳은 매일신보사 이외에는 「경성일보」[67]와 「조선신문」 정도뿐이었다. 한국어 단행본을 인쇄할 수 있는 시설을 갖춘 곳도 서울에

---

[67] 「경성일보」는 일본인들이 발간하던 일본어 신문이었다.

한성도서 등 몇 군데뿐이었다.[68]

  5년간의 그 같은 암흑이 걷히고 1945년 8월 15일에 '새벽'이 밝았다. 언론인들은 업계를 복구하기 위해 신속하게 행동에 나섰다. 1945년 8월 15일부터 그해 말까지 창간된 신문이 40종이 넘었다. 당시 일부 언론인들은 해방 이튿날 지금의 프레스센터 인근인 매일신보사에 나타났다. 전직 일간지 기자 양재하도 그 대열에 끼여 있었다. 아니, 그 대열을 이끄는 리더였다. 언론인들이 그런 목적으로 그곳에 갈 수 있었던 것은 여운형이 이끄는 조선건국준비위원회(건준)를 배경으로 뒀기 때문이다. 여운형은 건준을 배경으로 정국의 주도권을 쥐기 위해 기민하게 움직이면서 먼저 신문을 장악하기 위해 8월 16일 매일신보사를 접수하려 했다.[69]

매일신보사 접수의 선봉이 되다

  이 작업을 주도한 인물이 양재하였다. 그런데, 그는 바로 얼마 전까지 일제 침략전쟁을 찬양하던 친일파였다. 찬양도, 그냥 찬양이 아니라 꽤 고약한 찬양이었다. 이를 보여주는 게 1943년 6월

---

[68] 정진석 한국외대 교수가 1995년 1월 「신문과 방송」에 기고한 '해방언론 50년사' 제1편 참조.

[69] 『한국민족운동사연구』 2010년 제63권에 실린 김동선 국가보훈처 연구원의 논문 '해방 직후 「매일신보」의 성격 변화와 「서울신문」의 창간' 참조.

호 「춘추」에 쓴 '조선인과 바다'라는 글이다. 그 글에서 양재하는 일본인 군사 전문가가 쓴 『조선역 수군사(朝鮮役水軍史)』라는 책을 한 달 전에 읽었다면서 소감을 말했다. '조선역'은 일본인들이 임진왜란을 부르는 명칭이다. 그 책에서는 충무공 이순신을 군인정신이 없는 수준 낮은 인물로 깎아내렸다.[70] 그리고 "그때부터 제국이 대륙 진출에 경륜을 가지고 오늘 해군 건설에 여러 가지 교훈을 얻었던 것을 짐작할 수 있었다."고 말했다.

양재하가 마치 자기 나라인 양 언급한 '제국'은 이순신의 나라가 아니라 도요토미 히데요시의 나라다. 그때부터 자신의 제국이 대륙 진출에 경륜을 갖게 되고 이것이 지금의 해군 건설에 토대가 됐다는 느낌을 독후감으로 내놓은 것이다. 그의 입장에서는 충무공 이순신이 자기편이 아니었다. 꽤 고약한 방법으로 '우리나라는 일본'이라는 메시지를 독자들에게 암시했던 것이다.

---

[70] 일본인 군사 전문가는 아리마 세이호이며, 그의 책을 다룬 김준배 해군사관학교 교수의 논문 '아리마 세이호의 『조선역 수군사』(1942)에 보이는 이순신 비판론'(『군사』 2020년 제114호)에 따르면, 아리마는 전라좌수사 이순신이 경상우수사 원균의 지원 요청을 거부한 것을 비판했다. 아리마는 이순신이 '조정의 승인이 없다'는 이유로 거절한 것을 두고 "우리 군인정신에 비추어 논해보면 언어도단"이라고 이순신을 폄하했다. 아리마는 이순신을 언어도단적 인물로 혹평하면서, 해전이 임진왜란 승부에 큰 영향을 주지 않았다는 말로써 이순신과 조선 수군을 평가절하했다. 이순신의 활약이 전쟁의 향방에 영향을 주지 못했다고 평했던 것이다.

일본을 위해 바다에 몸을 던져라?

양재하는 도요토미 히데요시 이래의 역사적 과정을 거쳐 성장한 "제국 해군의 일원"이 될 자격이 한국인들에게 주어졌다며 자랑스러워했다. 한국인들의 일본군 입대를 부추기고자 했던 것이다. 그는 "대장부는 말가죽으로 주검이 싸여야 한다(大丈夫當以馬革裹屍)"는 글귀를 들먹이면서 일본 해군이 되어 희생할 것을 촉구했다. 전투 중에 쓰러져 말가죽에 싸여 매장되는 것도 좋지만, 기왕이면 바닷물에 빠져 죽는 게 좋다며, 일본 해군이 되어 바다에서 숨을 거두라고 부추겼다. 아녀자 옆에서 약사발을 들고 최후를 마치는 것은 장부의 도리가 아니라고 강변했다. 병상에 누워 보살핌을 받기보다는 그냥 바다에서 목숨을 다하라고 선동했던 것이다.[71]

사람 목숨 귀한 줄 모르는 인성의 소유자였던 것이다. 이런 극우파 성향을 가진 악질 친일파가 총독부 기관지의 접수를 주도했던 것이다. 이 일은 처음에는 성공할 것처럼 보였다. 일단 매일신보사 접수는 성공했다. 건준은 해방 다음 날인 16일에 「매일신보」

---

[71] 원문은 다음과 같다. "옛말에 대장부당이마혁회시(大丈夫當以馬革裹屍)라는 말이 있다. 대장부 마땅히 말가죽으로써 시체를 싼다. 즉 전장에서 토사(討死)할 것이지, 아녀자를 옆에 놓고 약사발을 들고 최후를 마치는 것은 장부가 할 일이 아니라는 것이다. 장부는 모름지기 마혁회시도 좋지마는, 그보다 사람은 반드시 바다에 몸을 던져야 할 일이다."

「매일신보」 창간호(왼쪽)와 마지막 호. 창간호는 1910년 8월 30일자이고 마지막호는 1945년 8월 15일자이다.

를 접수하여 「해방일보」로 제호를 바꾸고 창간호를 찍었다. 그러나 1일 천하였다. 바로 다음 날인 17일, 아직 무장해제가 되지 않았던 일본군이 접수위원들을 몰아내고 제호도 「매일신보」로 되돌려버렸다.[72]

건준이 뒤에 있었지만 소용없었다. 건준을 배경으로 해방정국 하의 언론을 주도하고자 했던 양재하의 시도는 그렇게 물거품이 되고 말았다. 그의 굴욕이 하필이면 건준의 손실로 이어진 것은 안타까운 일이다. 일본군 덕분에(?) 시설을 지킨 매일신보사는 김

---

[72] 1988년 8월 14일자 「한겨레」 4면 참조.

구와 김규식이 중국에서 귀국한 그해 11월 23일부터 「서울신문」을 찍어냈다.

양재하는 을사늑약 이듬해인 1906년 경북 문경에서 태어나 경성제이고등보통학교(중등과정)와 경성법학전문학교(상급 중등과정)를 졸업한 뒤 1930년부터 조선일보사에 들어가서 기자 생활을 시작했다. 3년 뒤에는 동아일보사로 옮겼다. 1940년 8월에 폐간되기까지 동아일보사에서 기자와 논설위원을 지냈다. 그리고 「동아일보」가 폐간돼 실직자가 된 이후부터 양재하는 노골적인 친일의 길을 걸었다. 실직 뒤에는 월간지 「춘추」를 창간했다. 1941년 2월부터 이 월간지를 운영하면서 갖가지 친일 논설을 발표했다. 침략전쟁 시기라 친일을 하지 않고는 월간지를 운영할 수 없었다. 그런 사정을 뻔히 알면서도 월간지를 창간했다. 친일이 실직을 벗어나는 방편이 됐던 것이다. 일제의 강압에 의해 어쩔 수 없이 친일을 했다고 말하기 힘든 사례에 해당한다.

1948년에 민족정경문화연구소가 편찬한 『친일과 군상』은 양재하가 발행한 「춘추」에 관해 "적극적 친일은 피한다고 노력하였으나, 결국은 '전쟁협력, 내선일체화 운동의 잡지'가 되고 말았다."고 평했다. 이런 잡지를 1944년 10월까지 발행했다. 생활 자금이 「춘추」에서 나온 것이다. 친일 논설을 실어 잡지를 운영했으니, 그 기간의 생활은 친일 재산에 기초한 것으로 볼 수밖에 없다.

그렇게 살던 그가 점령군이 되어 매일신보사로 밀고 들어갔다. 그토록 충성하던 '옛 주인' 일제를 버리고 중도좌파 그룹인 여운형 라인에 줄을 선 결과였다. 매일신보사 점령에 실패한 그는 「신조선보」를 창간하고 「한성일보」를 발행하는 등의 방법으로 해방정국 하의 활동을 이어갔다. 그러다가 1950년 5월 30일 제2대 총선 때 무소속으로 경북 문경에서 당선됐다. 그러나 한 달도 채 지나지 않아 한국전쟁이 발발했고 전쟁통에 납북됐다. 북으로 간 뒤인 1956년에는 재북평화통일협의회 상무위원이 됐다. 60세가 된 1966년에 눈을 감았다.

16

명태 100마리 선물했지만
소련군 포로 신세가 되다

정보원에게 뒤통수 맞고 부하들 손에 암살당한 친일 군인 김창룡

백선엽 같은 일급 친일파도 또 다른 친일파를 높이 평가했다. 그는 1956년 1월 30일 서울 용산구에서 발생한 김창룡 육군특무부대장 피살 사건의 군사재판장이었다. 백선엽은 2012년 자서전에서 "내 기억에 오래 남는 것은 김창룡 장군 피살과 그 재판"이라고 한 뒤 김창룡의 업무 능력을 매우 높이 평가했다.

"김창룡 장군은 당시 누구나 그 이름을 들어서 알고 있는 방첩 분야의 최고 베테랑 군인이었다. 아울러 그는 이승만 대통령이 가장 총애하는 군인 중의 하나였다. 그의 권력은 아주 강했다. 최고위 장성들 또한 그의 예리한 수사력의 안광을 벗어

날 수 없는 경우가 흔했다. 방첩 분야뿐 아니라 일반 정보 계통에서도 그는 막강한 실력을 발휘하고 있었기 때문이다."

항일 세력을 검거하는 '신의 손'

친일파가 높이 평가하는 친일파인 김창룡은 1916년 7월 18일 함경남도 영흥군에서 출생했다. 덕성보통학교와 영흥공립농잠실습학교를 졸업한 그는 실 만드는 제사공장 직공과 만주 창춘(장춘)역의 직원을 거쳐 운명적인 직장을 만났다. 그때부터 죽을 때까지 몸담게 될 업무와 연관되는 직장이었다. 만주에 주둔하는 일본 관동군의 헌병대에 군속(군무원)으로 들어간 일이 그것이다.

헌병대 군무원이 된 그는 25세 때인 1941년에 관동군 헌병교습소에 입소했다. 그곳 교육을 이수하고 헌병보조원이 된 그는 같은 시기에 백선엽이 했던 것과 비슷한 일을 하게 됐다. 백선엽이 만주국 특수부대인 간도특설대에서 항일 투사들을 토벌했다면, 그는 일본군 헌병대에서 항일 투사들을 정탐하고 추적했다. 1943년에 만주국 동북부인 싱안베이성(흥안북성)에 배치된 뒤에는 타의 추종을 불허하는 혁혁한 성과들을 거뒀다. 『친일인명사전』 제1권 김창룡 편의 설명이다.

"1943년 싱안베이성을 중심으로 지하공작을 펴던 중국공산당의 거물 왕진리를 검거하는 데 결정적인 공을 세웠다. 관동군 헌병대는 왕진리를 이용한 역공작으로 소·만 국경지대에서 활동하던 9개 지하 조직을 색출하고 조직원 50여 명을 체포했다. 이 공로로 헌병 오장(伍長)으로 특진했다."

중국공산당은 동아시아에서 가장 강력한 항일 조직이었다. 그런 조직의 거물급을 검거해 소련·만주 국경지대의 지하 조직 아홉 곳을 색출했다. 『친일인명사전』은 1943년 이후에 그가 거둔 실적과 관련해 "2년 동안 공장 지대를 중심으로 암약하면서 50여 건이 넘는 항일조직을 적발했다."고 기술한다. 노동자들이 많은 지역에 숨어들어 매월 2개 정도의 항일 조직을 적발한 셈이다. 만주군 장교 출신인 백선엽이 "예리한 수사력의 안광"을 운운하며 칭찬할 만했던 것이다. 항일 세력을 검거하는 '신의 손'이었다고 해도 과언이 아니다.

김창룡은 4년 이상 헌병 또는 그 군무원으로 일했다. 일본이 보기에 그는 밥값을 '넘치게' 했다. 그가 한국인이 아닌 일본인이었거나 일제 패망이 조금 더 늦어졌다면, 훨씬 높이 승진했을 게 분명하다.

공수 교대

항일 투사들을 잡아주고 친일 봉급으로 살아가던 김창룡의 삶은 29세 때인 1945년에 일본 패망과 함께 일대 위기에 봉착한다.

이제 그는 '붙잡는 쪽'에서 '붙잡히는 쪽'으로 공수 교대를 하게 된다. 일제 패망 직후부터 그의 삶은 험난한 파도에 휩쓸린다.

해방이 되자 일본 관동군 헌병 오장이었던 김창룡은 재빨리 사복으로 갈아입고 일본도 하나만 달랑 들고 남행 열차를 탔다.[73] 목적지는 지금의 황해북도 평산군 남천읍이었다. 파주시에서 북서쪽으로 70킬로미터(직선 거리)가 조금 안 되는 그곳에는 약혼녀 도상원이 살고 있었다.[74] 약혼녀를 만나고자 고향집이 아닌 미래의 처갓집부터 방문하고자 했던 것이다.

압록강을 건넌 김창룡의 기차는 신의주와 백두산의 중간쯤인 지금의 자강도 강계시에 정차했다. 잠시 쉰다던 열차는 하염없이 멈춰섰다. 해방 직후에는 곳곳의 기차역에서 이런 일들이 많았다. 기다리다 지친 그는 기차에서 내렸다. 인근 거리를 구경하기 위해서였다. 집집마다 태극기가 휘날리고 있었고 여기저기 소련군의 모습이 보였다.

이때, 일이 생겼다. 거리 구경을 마친 김창룡이 강계역으로 돌아가는 도중 누군가가 그를 붙잡고 몸에 지닌 일본도를 내놓으라고 했다. 그를 붙잡은 사람은 치안대원이었다. "민간인은 무기를

---

[73] 동아일보사가 1973년 3월 31일부터 1975년 6월 19일까지 연재한 「비화 제1공화국」 제307회에서 8·15 해방을 기술하는 대목 참조.

[74] 도상원은 『독립유공자공훈록』 제16권에 수록된 독립운동가 도정호(1903~1930)의 딸이다.

가질 수 없으니 내놓으라."는 것이었다. 김창룡은 "소련군들이 여자를 강탈하고 귀중품을 약탈한다는데 민간인들도 이런 무기를 준비해야 할 것 아니요?"라며 항의했다. 이 저항은 그가 귀국 첫 날밤을 처갓집이 아닌 치안대 유치장에서 보내는 원인이 됐다. 상황이 그렇게 되자 김창룡의 걱정은 더 이상 일본도를 빼앗기느냐 않느냐가 아니었다. 관동군 헌병 신분이 발각되느냐 아니냐였다.

명태 100마리를 짊어지고 갔다가

끝까지 신분을 숨기고 다음 날 석방된 김창룡은 강계역으로 돌아가 기차를 탔다. 처갓집 방문을 마친 그는 고향집에 갔다가 다시 처갓집으로 향했다. 평산군을 재차 방문한 그는 약혼녀 도상원을 데리고 고향으로 가서 결혼식을 올렸다. 이런 일이 있고 난 뒤였다. 강계역에서 겪은 것과는 비교도 되지 않는 대형 굴욕이 그에게 일어나게 된다.

새신랑이 된 김창룡은 뭔가 일을 해야겠다는 생각에 빠졌다. 그가 내린 결론은 만주에 있을 당시에 절친한 정보원이었던 김윤원을 만나보자는 것이었다. 그는 김윤원을 만나러 강원도 철원으로 향했다. 이때가 1945년 10월이다. 만주에서 간호사로 일했던 김윤원의 어머니도 김창룡과 친분이 있었다. 김창룡은 모자에게 선물하기 위해 원산에 가서 명태 100마리를 샀다. 그런 다음 경원선을 타고 철원 인근의 북계역에서 하차했다. 여기서부터 명태를

김창룡.

짊어지고 20리나 되는 길을 걸어 옛 정보원의 집에 도착했다. 김윤원과 그의 어머니는 김창룡을 보더니 반기면서 방안으로 맞아들였다.

김윤원 모자는 "먼 길 오느라고 피곤할 테니 어서 자리에 들라."며 이불부터 깔아줬다. "김창룡은 어딘지 수상하고 불길함을 느꼈으나" 하루 종일 무거운 짐을 지고 먼 길을 걸어오느라 피곤했으므로 모자의 권유에 따랐다. 그렇게 잠든 뒤인 새벽 2시, 우당탕 방문이 열리는 소리가 났다. 깜짝 놀라 잠을 깬 김창룡은 누군가가 자기를 향해 총부리를 겨누고 있는 장면을 목격했다. 그는 이부자리에서 일어나 손을 들고 밖으로 끌려나갔다. 그를 체포한 사람은 보안서원 3명과 소련군 장교 1명이었다. 그 상태로 그는 철원보안대 감옥에 갇히게 된다.

그는 뜻밖의 굴욕을 추가로 당한다. 감옥에 있다가 취조실로 불려나온 그는 그곳에 와 있는 김윤원 모자를 발견했다. 그 순간 미안한 마음이 들었다고 한다. 자기를 재워준 죄로 저 모자도 끌려온 게 아닌가 생각했기 때문이다. 그러나 의외의 일이 그 직후에 일어난다. 갑자기 김윤원이 옆으로 다가오더니 느닷없이 김창룡에게 발길질을 하며 욕설을 퍼부어댔던 것이다.[75]

자신의 정보원이었던 사람한테 수모를 당한 김창룡은 "옛날 버릇대로" 김윤원에게 호통을 쳤다. "이 사람 정신 나갔나?!"라고 고함쳤다. 그러나 전혀 먹히지 않았다. 도리어 "너 같은 자식은 민족반역자니까 죽어 마땅하다."는 김윤원의 욕설을 들어줘야 했다. 더 처참한 것은 김윤원 어머니의 태도였다. 그도 아들을 편들며 김창룡을 욕해댔다. "만주에 있을 때 숱한 애국자를 괴롭히지 않았느냐?"라며 어머니마저 호통을 쳤다.

김윤원 모자는 말로써 수모를 줬지만, 보안서원들은 달랐다. 이들은 사흘 동안 김창룡에게 물고문을 했다. 김창룡이 관동군 헌병 때의 일을 진술하지 않자 그런 고문을 해댔던 것이다. 결국 그는 "제1급 민족반역자"로 규정돼 소련군에 보고됐다. 재판관인 소련군 장교는 그에게 사형을 선고했다.

그러나 그는 극적으로 살아났다. 해방 뒤 친일 전력 때문에 조

---

[75] 「비화 제1공화국」 제309회 참조.

용히 숨어 지냈지만 결국 북한에 진주한 소련군에 체포되어 사형을 선고받았다. 그러나 김창룡은 압송되던 도중에 열차에서 탈출해 남쪽으로 내려왔다.[76] 영화의 한 장면처럼 사형 위기를 모면했던 것이다. 이때는 극적으로 위기를 모면했지만, 이것이 마지막 위기는 아니었다. 그 뒤 남한에 가서 비슷한 악행을 또다시 벌일 것이고 그에 따른 응보도 받을 것이기 때문이었다.

하던 일을 다시 하다

인생이 끝나는가 싶다가 극적으로 부활한 김창룡은 만주군 출신들의 도움으로 남한 군대에서 자리를 잡았다. 이들의 도움으로 국군의 전신인 남조선국방경비대에 사병으로 입대한 그는 1947년 4월에 조선경비사관학교(육사) 3기를 졸업하고 남조선국방경비대의 후신인 조선경비대의 제1연대 정보주임 보좌관으로 발탁됐다. 또다시 첩보 업무를 맡게 됐던 것이다.

장교가 되어 맡은 업무는 국군에 대한 숙정 작업이다. 이 과정에서 그는 해방 이전에 추격한 사람들과 비슷한 부류를 공격했다. 그가 해방 이전에 붙잡은 사람들과 해방 이후에 붙잡은 사람들은 상당 부분 비슷했다. 인생 궤도가 해방 이전이나 이후나 별

---

[76] 백범 김구 암살을 다룬 1992년 4월 14일자 「한겨레」 '암살 지령자 김창룡 그는 누구인가' 참조.

반 다르지 않았던 것이다.

김창룡은 백선엽의 말마따나 "예리한 수사력의 안광"으로 반대파들을 색출했다. 그 속에는 남조선노동당(남로당) 군사책 박정희도 있었다. 그가 이런 부류의 좌파만 잡아낸 것은 아니다. 그가 추격한 좌파의 상당수는 불과 몇 년 전만 해도 일제에 쫓기던 독립운동권 인사들이었다. 일제강점기 때는 좌파가 아니었다가 해방 뒤에 비로소 좌파가 된 사람이 1, 2년 내에 김창룡의 시야에 들어갈 만큼 거물급이 되기는 힘들었다. 그의 수사망에 포착된 좌파의 상당수는 해방 이전부터 좌파였던 사람들이다.

해방 이전에 좌파가 된 사람들은 좌파가 좋아서가 아니라 일본제국주의를 무너트리기 위해 그 반대편 이론인 사회주의나 공산주의를 연구했던 사람들이다. 그가 해방 직후에 잡으러 다닌 좌파의 상당수는 그런 사람들이었다. 독립운동가 출신인 박헌영과 함께 항일투쟁에 참여한 조선공산당은 해방 뒤 남로당으로 이어졌다. 김창룡이 남로당을 분쇄하는 데 앞장선 사실은 해방 이후의 그가 오로지 좌파를 잡으러 다녔다기보다는 독립투사 출신들을 잡으러 다녔음을 의미한다.

1949년에 김구가 서거한 뒤 암살범 안두희를 감형하고 군에 복귀시키고, 예편된 뒤에도 뒤를 계속 봐준 장본인이 김창룡이다. 독립투사 김구 암살에 관련된 사실은 해방 이후의 김창룡이 잡으러 다닌 사람들의 실체를 이해하는 데 도움이 된다. 김창룡의 본업은 해방 전이나 후나 별반 다르지 않았다.

1948년 8월 27일자 「경향신문」 1면 좌상단을 비롯한 당시의 언론보도에서 쉽게 확인할 수 있듯이, 친일파들은 "반민족자를 처단한다는 자는 공산당 주구"라는 논리로 친일 청산 움직임에 맞불을 놨다. 친일파 및 반민족행위자 처단을 외치면 공산당이라는 논리는 자신들의 반대 진영을 빨갱이로 몰아세우는 친일파들의 방식을 보여준다. 김창룡이 잡으러 다닌 좌파의 상당수가 실제로는 항일투사였던 것과 맥락을 같이하는 일이다.

김창룡은 해방 전에는 일제의 녹봉을 받고 그런 일을 했다. 해방 직후에는 미군정의 월급을 받고 그 일을 했고, 1948년 8월 15일 정부수립 후에는 이승만 정권의 녹봉을 받고 그 일을 했다. 그에게는 '경력 단절'이 일어나지 않았다.

또다시 아랫사람한테 당하다

어떤 인재를 신임하느냐에 따라 지도자의 그릇과 격이 달라진다. 김창룡의 능력을 높이 사서 육군특무부대장 직을 맡기고 별 두 개를 달아준 사람은 이승만이다. 김창룡은 이승만 정권하에서 공안정국을 주도하면서 독립운동가나 진보 진영을 빨갱이로 몰아 대한민국에서 제거했다. 그 과정에서 무고한 인명을 많이 살상했다. "예리한 수사력의 안광"을 가졌다는 그는 실적을 쌓기 위해 좌파가 아닌 사람들까지도 빨갱이로 몰아 잡아들였다. 그는 40여 건의 공안사건 조작과 관련됐다.

김창룡은 특무공작을 통해 일제에 발탁되고 두각을 보였다. 그가 만주군 출신들의 추천으로 국군에서 중용되고 이승만의 총애를 받은 것도 특무공작 때문이다. 진짜든 가짜든 그는 빨갱이들을 많이 잡아들였고, 그의 실적은 일제 때는 침략 전쟁에 기여하고 이승만 정권 때는 공안정국 유지에 기여했다.

결국 그는 그 특무 때문에 몰락한다. 1956년 1월 30일 아침, 서울 용산에서 출근길의 김창룡을 저격한 사람들은 부하 허태영과 특무부대 출신들이다. 김윤원에게 당했듯이 이번에도 아랫사람들에게 당했던 것이다. 암살에 가담한 이유회 일등중사도 그의 운전병이었다. 김창룡이 저격을 당한 것은 첩보 활동 때문이었다. 그로 인해 군 내부의 불만을 샀다. 허태영은 김창룡이 고급 장교들의 비리를 조사하는 과정에서 월권을 행사했다고 진술했다. 그가 군부를 불안케 했기 때문에 제거할 결심을 굳혔다는 게 허태영의 말이다. 특무로 일어난 김창룡이 특무로 몰락했던 것이다.

이승만 정권은 김창룡의 공을 잊지 않았다. 사망 당일에는 육군 중장으로 추서하고, 2월 3일에는 대한민국 정부 최초의 국군장을 거행했다. 무덤 앞에 세운 묘갈에는 조선사편수회 출신의 친일 역사학자인 이병도의 글도 넣어주었다.

묘갈명에서 이병도는 "누차 숙군을 단행하여 군의 육성 발전에 이바지"한 것을 망자의 핵심 공적으로 평가했다. 해방 직후의 숙군이 독립운동가 출신이나 진보 진영을 겨냥한 것임을 모를 리 없는 역사학자가 '숙군'이란 표현을 써가며 김창룡의 행위를 정당화하고 미화했던 것이다. 이병도는 "그는 죽었으나 그 흘린 피는 전투에 흘린 피 이상의 고귀한 피였고, 그 혼은 기리 호국의 신이 될 것"이라고 찬미했다. 백선엽과 이병도가 호평한 이 '호국의 신'은 현재 대전현충원에 누워 있다.

17

'이상하게도' 일제의 육군 중장이 된 한국인의 최후

일본의 군대에서 출세했으나 일제에게 버림받고 처형된 홍사익

> "이상하게도 나는 필리핀 전선에 있을 때 홍사익 중장의 이름을 알고 있었다."

1970년대 일본의 베스트셀러 작가 야마모토 시치헤이가 1986년에 쓴 책 『홍사익 중장의 처형』 첫 문장은 이렇게 시작된다. "이상하게도"라고 했다. 자기가 그의 이름을 알고 있었던 게 이상한 일이었다는 것이다. 20대 초반의 초급 장교가 사단장이나 군사령관의 이름을 알 수는 있지만 군사령관도 아닌 병참총감의 이름까지 아는 것은 드물다는 생각에서 그렇게 썼노라고 그는 말한다.

한국인들은 일본군에 끌려가 총알받이 역할을 했다. 강제징병

홍사익.

피해자들은 그런 억울한 운명에 노출됐다. 그러나 모든 한국인 군인이 다 그렇게 됐던 것은 아니다. 박정희나 백선엽처럼 일본군 장교가 되어 침략전쟁에 앞장서는 부역자들도 있었다. 일본 육군 중장 홍사익(洪思翊)도 그런 군인 중 하나다.

홍사익의 존재를 몰랐던 사람들은 '한국인이 일본군 중장까지?'라며 깜짝 놀란다. 홍사익이 근무하던 당시의 일본군 부대에서도 똑같은 반응을 보이곤 했다. 『홍사익 중장의 처형』을 쓴 야마모토 시치헤이(山本七平, 1921~1991)는 홍사익 중장이 필리핀 파견 제14방면군 병참총감이었을 때에 이 부대의 포병 장교였다.

그는 자기처럼 느끼는 사람들이 필리핀 현지의 일본군에 많았다고 회고한다. '이상하게도' 병참총감 이름까지 아는 사람들이 초급 장교는 물론이고 일반 병사들 사이에도 있었다는 것이다.

"'허어, 조선인 중장이 있다고? 허어' 하는 수용 태도가 적어도 일반 하급 장교와 병사의 거짓 없는 수용 자세였다. … 따라서 한번 들은 자는 그 이름을 외고 만다."

병사들은 사단장·군단장은커녕 대대장 이름도 잘 모르는 경우가 대부분이다. 그런데 필리핀 주둔 일본군에서는 군사령관도 아닌 군사령부 병참총감의 이름까지 기억하는 병사들이 있었다. 한국인이 그 위치까지 승진하기 힘들었기에 그런 반응들이 나왔던 것이다.

3·1운동의 수혜자

홍사익은 갑신정변 3년 뒤인 1887년 2월 2일 지금의 경기도 안성시에서 출생했다. 21세 때인 1908년에 대한제국 무관학교에 입학한 그는 이듬해에 일본 육군 중앙유년학교에 편입했다. 그런 다음, 일제 강점 2년 뒤인 1912년에 졸업하고 일본 육사에 입학해 1914년에 졸업했다. 박정희보다 일본 육사 30년 선배인 것이다.

홍사익은 대체로 행정이나 대민사업 분야에서 활동했다. 『친일반민족행위진상규명보고서』 제4-19권 홍사익 편에 따르면, 1933년에 괴뢰국인 만주국 군대의 고문이 되어 만주국군을 개편하는 임무를 맡았고, 1934년 이후에는 만주 거주 조선인에 대한 정책 수립에 참여했다. 상하이에서 근무한 1938년 이후에는 현지의 한국인 정책 수립에 관여했다. 일제의 지배 대상인 한국인과 만주인을 상대하는 군사행정 분야에서 많이 활동했던 것이다.

야전 지휘관 경험이 전혀 없지는 않았다. 항일군과의 전투를 지휘한 일도 있었다. 『친일인명사전』 제3권 홍사익 편은 "1941년 3월 육군 소장으로 진급해 중국 허베이성에 주둔한 보병 제108여단 여단장으로 부임하였으며 중국 화북 일대에서 중국 팔로군 제18전방총사령부(제18전총)를 상대로 전투를 치렀다"라며 "제18전총에는 조선민족혁명당 산하 조선의용대 화북지대가 항일투쟁을 전개하고 있었다"고 설명한다.

프랑스 식민지인 코르시카 출신으로 프랑스 황제까지 된 나폴레옹의 사례에서도 나타나듯이, 식민지 출신이 제국주의 군대에서 주목을 받으려면 전공을 세우는 편이 아무래도 가장 빨랐다. 그런데 홍사익은 야전 지휘관보다는 군사 행정가로 더 많이 활동했다. 당연히, 전공을 세울 기회는 많지 않았다. 그런데도 일본군 중장까지 승진했다. 경이적인 일이라 할 수 있다.

그렇게 될 수 있었던 결정적 이유는 1919년 3·1운동과 관련이 깊다. 그가 육군 중위일 때 폭발한 3·1운동은 일본 군부가 그의 효용성에 주목하는 계기가 됐다. 그가 육군성 인사국에 배치됨과 동시에 그의 존재가 언론을 통해 홍보된 것은 그런 효용성 때문이었다.

그해 6월 13일자 「매일신보」에 '조선인이라고 결무차(決無差), 군대에서 공평한 조선인 대우'라는 기사가 실렸다. 조선인이라고 해서 절대로 차별하지 않는다는 이 기사는 도쿄에서 육군성 인사국 요원으로 활동하는 홍사익과의 인터뷰 내용을 담은 글이다. 인터뷰에서 홍사익은 자신이 영국 식민지 인도에서 태어났다면 연대급 부대에도 배치되기 힘들었을 것이라면서 일본 식민 통치가 공평무사하다는 점을 강조했다. 고국에서 만세 시위를 벌이는 동포들을 겨냥해 그런 발언을 했던 것이다. 그의 말은 이렇다.

> "가령 내가 인도인으로 영국 내지에서 군인이 되었다 하면 연대 같은 데도 부치지 아니하였을 것인데, 일본에서는 조선인 장교라고 결단코 칭하를 하지 아니하며 이것이 육군 당국의 참뜻이라."

그러면서 그는 "일반 조선인은 결코 육군 당국의 참뜻을 오해하지 말 것이라"라는 당부를 남겼다. 만세운동 직후에 한국인 장교를 요직에 배치해놓고 홍보하는 일본 육군의 진의를 오해하지 말라는 부탁이었다. 그 인사 조치를 바라보는 세상의 시선을 느끼게 해주는 발언이다. 홍사익 자신도 그런 시선을 의식하고 있었던 것이다.

'일본에 충성하면 이렇게 된다'는 모델로 활용된 홍사익은 3·1운동 이듬해에 육군대학교에 입학하고 3년 뒤 졸업했다. 위 진상규명보고서는 "황족을 제외하고는 조선인으로 유일하게 육군대학교를 졸업"했다고 말한다. 그 뒤 그는 한국인과 만주인을 상대하는 부서에 근무하면서 장군 계급까지 승진했다. 그를 귀히 다루는 모양새가 계속해서 연출됐던 것이다.

다 떠안고 가다

홍사익을 계속해서 띄워주던 일제는 전황이 급박해진 제2차 세계대전 막판에 그를 다른 용도로 활용했다. 그전까지 그를 온실에서 키웠다면, 이때부터는 북풍한설이 몰아치는 벌판 한가운데 내놓았다. 이것이 그의 인생을 비극적 최후로 몰고 갔다.

일본군은 연합군과의 태평양전쟁이 벌어지는 필리핀에 그를 파견했다. 그의 존재를 연합군에 정면으로 노출시킨 것이다. 일본은 제14방면군 병참총감에 임명하기 이전 10개월 동안 그에게 필리핀 포로수용소장 임무를 맡겼다. 이때가 1944년 3월이다. 여기서 발생한 비인도적 포로 대우가 그 뒤 그의 족쇄가 됐다. 이는 그가 일제 패망 뒤 연합군의 주목을 받으며 B급 전범으로 기소되는 원인이 됐다.

홍사익은 포로 학대의 최고 책임자로 재판에 회부됐다. 명목은 수용소장이었지만 실권은 없었던 한국인 수용소장이 최고 책임자의 멍에를 쓰게 됐던 것이다. 검사가 열거한 그의 죄상은 무려 107개나 되었다.

1946년 3월 15일부터 18일까지 필리핀 마닐라에서 거행된 전범 재판에서 미국인 변호인 웨스틴 중위는 홍사익이 한국인이며, 그가 일반적인 전범과 다르다는 점을 강조했다. 『홍사익 중장의 처형』에 실린 변호인 최종변론서에 따르면, 웨스틴은 "지휘관으로서의 책임상 그 죄를 문초당하고 있는 사람이 일본군의 일원이 된 한 조선인"이라며 그것을 법정이 배려해달라고 변론했다.

> "조선인이 긴 세월 동안 일본인에게 억압을 당해온 것은 법정도 충분히 아시리라고 생각합니다. 그리고 일본군 안에 있었던 단 한 사람의 조선인은 명목적으로는 어떠한 고위의 지휘관 위치에 있더라도 사실은 경시당하고 있었던 존재였을 것입니다. 지금 여러분 앞에 있는 피고는 일본군 안에서 거의 영향력을 행사할 수 없었던 지휘관이라고 나는 생각합니다. 그는 그 부하에게는 업신여김을 받고 상급자로부터는 멸시당하고 있었습니다."

말이 포로수용소장이지 실제는 별 힘도 없었으니 선처해달라는 변호인의 변론에 대해 검찰도 반론을 전개했다. 변호인이 '피고의 혈통을 보라'는 식으로 촉구했다면, 검찰은 '피고의 계급장'을 보라는 식으로 대응했다. 위 책에 실린 검찰 최종논고서에 따르면, 검사인 베어드 중령은 홍사익이 북중국에서 여단장 및 교관이었던 사실을 환기시키며 이렇게 말했다.

> "그는 일본 국민이고 일본의 육군대학 졸업생이며 북지(北支)에

서는 여단장 및 교관이었던 것입니다. 그와 같은 경력 때문에 어쩌면 그에게 기회주의적인 경향이 있었는지도 모릅니다. 그러나 기록에 따르면, 그는 대미(對美)전승 휘장이 수여되고 그것을 많은 전투기념 휘장과 함께 패용하고 있었던 것입니다. 우리들이 일본군과 한창 전투하고 있을 때에 그는 그 대미전승 휘장을 가슴에 달고 올드 빌리비드에서 헤이즈 해군 중령 앞에 나타났습니다. 그리고 그가 이 법정에 출정할 때에도 그 당당한 기념휘장은 그의 가슴에 빛나고 있습니다. 그런데도 불구하고 그가 과연 일본 정부로부터 경멸당하고 있었다고 생각할 수 있겠습니까?"

홍사익은 한국인이 아니라 일본 장군일 뿐이라는 주장이었다. 기회주의적 인물인지 모른다는 말도 나왔다. 재판부는 검사측 주장에 동조했다. 홍사익은 1946년 4월 18일 사형선고를 받았고, 다섯 달 뒤인 9월 26일에 형이 집행되었다. 식민지인들을 교란시키기 위한 일본제국의 모델로 활용되던 인물이 일본제국을 대표하는 전범 중 하나로 지목돼 연합군에게 처형당하는 처지로 전락했던 것이다.

전범받이

홍사익은 '일본에 충성하면 이렇게 된다'는 모델로 활용됐다. 그

홍사익과 그 가족.

는 정말로 그렇게 됐다. 일본 식민통치는 결국 일본인을 위한 것이고 그 속에서 식민지인들은 제물이 될 수밖에 없음을 잘 보여준 사례였다.

홍사익은 1909년에 일본 육군 중앙유년학교에 편입한 이래로 일본에 의존해 살았다. 그런 속에서 비교적 탄탄한 경제적 기반을 구축했다. 1901년쯤에 결혼한 그는 1915년쯤 도쿄 주둔 제1연대 근처에 살림집을 마련하고, 안성에 있던 부인 조숙원을 도쿄로 불러들였다. 일본 생활이 20대 후반부터 안정 궤도에 들어섰던 것이다. 1962년 8월 13일자 「경향신문」 3면 홍사익 특집에 따르면, 1933년에 만주로 부임할 때는 가족과 함께 살 수 있는 집을 그곳에 마련했다. 그는 작은부인도 있었고 그 사이에서 두 아들을 낳았다. 일본이 주는 월급과 연금으로 안정적인 생활을 했기에 이 같은 두 집 살림과 친일 재산의 형성이 가능했다.

일반적인 친일파 같았으면 그런 재산과 지위를 근거로 해방 뒤에도 계속해서 안정된 삶을 이어나갔을 것이다. 별다른 변수가 없었다면 국군 창설에 개입했을 수도 있다. 하지만 그는 한국인 친일파로서는 매우 드물게 법정 최고형인 사형에 처해졌다. 이례적으로 높은 계급과 안정적인 친일 재산을 끝까지 누리지 못한 채 59세 나이로 형장의 이슬로 사라지고 말았다.

홍사익은 강제징병된 한국인 병사들처럼 총알받이 역할을 하지는 않았다. 그는 일제 식민 지배에 대한 원성을 차단하는 방패 역할을 했다. 그는 일제 식민 지배를 홍보하는 모델이었다. 그러다가 막판에는 일본군의 서양인 포로 학대에 대한 책임을 떠안게 됐다. 총알받이가 되지는 않았지만, '전범받이'는 된 셈이다.

18

친일파들이여,
한민당으로 어서들 오시오!

해방 후 새로운 친일 세상을 구축하다 독립투사들의 총에 쓰러진 장덕수

이승만은 친일 정당인 한민당(한국민주당)의 지원으로 대통령이 됐다. 한민당은 국회 간선제로 치러진 1948년 대통령선거 때 그에게 표를 몰아줬다. 한민당의 지원은 그 정도 수준에서 그치지 않았다. 그 전부터 이승만의 호주머니에 돈을 찔러준 것도 한민당이다. 김학준 서울대 교수는 해방 두 달 뒤에 귀국한 이승만의 행적에 대해 이렇게 설명한다.

"이승만은 우선 도쿄에 도착했다. 여기서 그는 나흘 밤을 묵으며 맥아더 및 하지와 만난 다음, 10월 16일 맥아더가 내어준 미 군용기 편으로 만 32년 만의 해외 망명 생활을 청산하면서

> 김포공항에 도착했다. 이때 그는 만 70세의 노령이었다. 그는 하지가 마련해놓은 숙소인 조선호텔에 여장을 풀었는데, 한민당은 즉각 그의 정치 활동을 위한 자금을 제공했다."[77]

한민당은 이승만이 귀국해서 여장을 풀자마자 돈다발을 들이댔던 것이다. 그리고 3년 뒤에는 이승만을 대통령으로 만들었다. 대통령선거 직후에 이승만의 배신으로 사이가 틀어지기는 했지만, 이승만과 친일 세력은 해방 직후부터 굳건한 동맹 관계였다.

이승만은 한민당을 배신한 뒤에도 친일 세력에 대한 답례만큼은 톡톡히 했다. 그는 경찰력을 동원해 반민특위를 탄압함으로써 친일 청산을 무력화시켰다. 이를 통해 친일 세력이 기득권을 유지하게 됐으니, 한국 친일파들이 볼 때 이승만은 '생명의 은인'이다. 죽음의 위기에 처한 친일파들을 살려냈으니, 이승만의 행위는 이완용의 친일에 못지 않다.

이승만을 친일파의 세계로 이끌다

이승만을 친일파의 세계로 인도한 대표적 인물은 두 명이다. 하나는 한민당 지도자이자 호남 재벌인 인촌 김성수이고, 다른 하

---

[77] 1985년 2월 22일자 「조선일보」 기사 '보호자 없는 한민당, 이승만 손잡아'에서 인용.

돈암장.

나는 김성수만큼은 아니지만 이승만에게 역시 큰 도움이 된 장덕수다. 장덕수는 이승만의 거처를 마련해준 사람이었다.

'이승만 자택' 또는 '이승만 사저' 하면 서울 대학로 주변의 이화장이 먼저 떠오르지만, 이화장은 귀국 2년 뒤인 1947년 10월에 입주한 곳이다. 1945년 10월 16일 조선호텔에 짐을 푼 이승만은 여드레 뒤 서울 성북구의 돈암장으로 이사했다가 1947년 8월 18일 서울 용산구 마포장을 거쳐 두 달 뒤에 이화장에 들어갔다.

이승만을 돈암장에 살게 해준 인물이 장덕수였다. 당시 한민당 총무였던 장덕수는 제자였던 장진영을 설득하여 4,000여 평 규모의 고급 저택인 돈암장을 이승만의 거처로 내주었다. 사랑채만 해

장덕수.

도 12평(40제곱미터) 정도였다.[78] 장덕수는 이승만이 고급 저택에 2년간 머물 수 있게 해줬다. 이 같은 물질적 제공은 친일세력과 이승만의 제휴를 수월케 만들었다.

장 박사

이승만은 그 시절 사람치고는 국제 경험이 많았다. 하와이뿐 아니라 미국 본토와 유럽을 무대로 활동했다. 제네바에 건너갔다가 만난 사람이 프란체스카 도너다. 이 점에서는 장덕수도 뒤지지 않았다.

장덕수는 이승만보다 19년 뒤인 1894년 12월 10일 황해도 재령

---

[78] 1970년 8월 15일자 「조선일보」 5면 특집기사 참조.

군에서 출생했다. 일제 강점 이듬해인 1911년에 판임문관시험에 합격한 장덕수는 그 뒤 해외 곳곳에서 유학 생활을 했다. 1916년에는 와세다대학을 졸업하고 1923년에는 오리건주립대학에 들어가고 1924년에는 컬럼비아대학 대학원에 진학했다. 대학원 재학 중인 1929년부터는 런던에서 3년간 공부했다. 그런 뒤인 1936년에 미국에서 철학박사 학위를 획득했다. 이승만이 '이 대통령'보다 '이 박사'로 더 많이 불린 것은 박사가 귀했던 시절의 사회 분위기를 반영한다. 그런 시절에 장덕수는 미국에서 박사학위를 받았다. 미국뿐 아니라 영국과 일본에서도 공부했으니, 국제 감각에서는 이승만에게 뒤질 게 없었다.

이승만이 그랬던 것처럼, 장덕수도 한때는 독립운동가였다. 1919년 3·1운동 직전에 한국 대표 김규식을 파리 평화회의에 파견해 국제사회를 깜짝 놀라게 만든 단체가 여운형의 신한청년당이다. 그때 장덕수는 25살의 나이로 신한청년당과 함께했다. 33세인 여운형은 김규식 파견을 계기로 국제적인 청년 지도자로 부각돼 임시정부 임시의정원 의원과 외무부 차장이 되고 일본 정부의 초청을 받아 도쿄를 방문하게 됐다. 3·1운동에 놀란 일본이 한국인들의 환심을 사고자 벌인 연출이었다. 그때 여운형의 일본어 통역을 맡아 동행했던 이가 장덕수였다.

그 뒤 동아일보사 초대 주간이 되고 부사장이 되고 임시정부 재무부 재무위원 등이 된 장덕수는 42세 때인 1936년에 박사학위를 받으며 대학원을 졸업한 뒤부터 친일의 길을 걸었다. 그는 대

이승만을 친일파의 세계로 인도한 대표적 인물인 김성수와 장덕수. 오른쪽에 안경 쓴 이가 장덕수다.

학원을 졸업한 후 같은 해 12월 미국에서 귀국해 보성전문학교 강사로 재직했다. 그리고 1937년 9월 조선총독부 학무국 주최 제2차 시국순회강연회에서 황해도 지역 연사로 순회강연 활동을 했다.[79]

1937년 7월 7일, 중일전쟁이 발발했다. 이를 계기로 일본은 '일제 강점기판 뉴라이트' 영입에 주력했다. 일제강점기 막판에 활동한 친일파의 상당수는 중일전쟁 이후에 충원됐다. 이런 시기에 장덕수는 비교적 일찍 친일로 전향하고 전쟁 중의 시국 강연에 나섰다. 그는 이 시절의 '뉴'친일파였다.

---

[79] 『친일인명사전』 제3권 장덕수 편 참조.

일본 식민지는 괜찮고, 미·영 식민지는 안 된다?

장덕수는 국민정신총동원조선연맹이나 국민총력조선연맹 같은 대표적 친일 기구에 들어갔을 뿐 아니라 강연과 기고 등을 통해 청년들을 학병이나 지원병 명의의 강제징병으로 내몰았다. 1944년 7월 20일자 「매일신보」 기고문에서는 여타의 친일 논설과 대비되는 그의 글을 접할 수 있다. 이 글에서 그는 전황이 일본에 불리해지는 것을 "참으로 분한 일"로 표현했다. 일본에 대한 충성심을 그런 감정 표현으로 드러낸 것이다. 그러면서 "우리의 고향을 귀축 같은 미·영의 마수에서 지켜야 한다"고 역설했다. 자신이 유학한 나라들을 아귀 같은 존재로 적대시했던 것이다. 그러면서 덧붙인 것이 이번 전쟁에 패하면 "영구히 미·영의 식민지가 되고 만다"는 경고였다. 당시 한국이 식민지가 아니었다는 듯이, '미·영의 식민지가 되지 말자'고 주의를 줬던 것이다.

그는 다양한 친일 단체에 참가하여 내선일체 및 전쟁협력과 관련된 강연 활동과 기고 활동을 참 열심히 했다.[80] 그러다가 해방이 되자마자 곧바로 미국 편에 붙었다. 바로 얼마 전에는 "귀축 같은 미·영의 마수"라며 입에 개거품을 물더니, 자기는 얼른 '귀

---

[80] 국민정신총동원조선연맹 기관지인 「총동원」 편찬위원, 시국대응전선사상보국연맹 상임간사, 국민총력조선연맹 사무국 후생위원 등으로 일했다. 『친일반민족행위진상규명보고서』 제4-15권 장덕수 편 참조.

축' 편에 가서 줄을 선 것이다. 그가 김성수·송진우 등과 함께 이끈 한민당은 한국에 상륙한 미군에 잽싸게 합세했다. 미국에 지면 미국 식민지가 된다고 경고했던 그는 해방 직후에 미군정청 위원이 됐다.[81]

그날 저녁밥을 못 먹었다

장덕수는 친일 세력을 위해 많은 일을 했다. 친일파들을 한민당으로 결집시켜 그들을 위한 보호막을 만들어주는 한편, 미국의 지원을 받는 이승만을 친일 진영으로 영입하는 일에 나섰다. 이를 위해 이승만에게 돈암장이라는 고급 주택을 안겨주었다.

하지만 장덕수는 자신이 새롭게 구축한 친일파들의 세상에 오래 살지 못했다. 1947년 12월 2일 저녁 6시 50분이 그가 이승에서 보낸 마지막 시각이었다. 사건 이틀 뒤 「동아일보」 2면은 그날 그 시각 서울 제기동에서 일어난 돌발 상황을 이렇게 묘사했다.

"2일 하오 6시 50분경 장덕수 씨가 저녁상을 막 받고 있을 지음, 문간에서 녹크를 함으로 부인이 나가 본즉 24, 5세 되어 보

---

[81] 『친일인명사전』은 "1945년 9월부터 사망할 때까지 한국민주당 외무부장과 정치부장"을 지냈다면서 "11월에는 미군정청 조선교육심사위원회 사범교육분과 위원에 선임되었다"고 기술한다.

> 이는 정복을 한 순경과 사복을 한 사람 두 사람이 '본서에서 연락'을 왔다 함으로 장씨가 현관으로 나가자, 그 찰나 순경 복장을 한 흉한은 가지고 있던 카빙 미군 총으로 두 발을 발사하였는데, 그중 한 방이 장씨의 하복부에 명중되어 그 자리에서 절명하고 말았다."[82]

친일 정계의 핵심 인물이 변을 당하자 경찰에서는 난리가 났다. 수도경찰청 장택상 총감의 지휘로 2,800여 명의 정·사복 경찰이 동원되어 범인 추격에 나섰다. '흉한'으로 언급된 두 청년은 김구 지지자들인 박광옥(종로경찰서 경사)과 배희범(연희대학교 학생)이었다. 이들을 포함한 사건 관련자들은 임시정부의 여당이자 김구의 정치 기반인 한독당(한국독립당) 당원들이었다.

이 사건은 박광옥·배희범을 비롯한 8명에게 교수형이 선고되고 2명에게 징역 10년이 선고됐다가, 존 하지 군정사령관의 결정으로 교수형 대상자가 박광옥과 배희범으로 축소되는 쪽으로 마무리됐다.[83]

---

[82] 1947년 12월 4일자 「동아일보」 2면.

[83] 박광옥과 배희범이 장덕수 집을 찾아간 것은 '죽일 놈'이라는 인식 때문이었다. 1948년 3월 13일자 「경향신문」 4면에 따르면, 이들은 전날 오후 공관에서 김구가 장덕수를 가리켜 "죽일 놈"이라고 말했다는 이야기, "이 박사 밑에서 일을 하면서 소란케 하는 자이니 즉시 죽이지 않으면 안 된다"는 이야기를 들었다고 진술했다. 김구는 그런 말을 한 적이 없다고 단호하게 부인했다.

친일 정당의 어중간한 노선이 죽음의 원인

한민당은 모스크바 3상회의의 결정을 반대했다. 1945년 12월 28일에 미국·소련·영국 외무장관(국무장관)이 발표한 내용은 '한국을 독립시키기 위해 임시적인 한국 민주주의 정부(a provisional Korean democratic government)를 수립하고, 남북을 각각 점령한 미·소 양군의 공동위원회가 임시정부 구성을 지원하며, 미소공동위원회가 임시정부와 협의해 미·소·영·중 4개국에 의한 최고 5년의 신탁통치협정을 체결한다'는 것이었다. 임시정부와 미·소 공동위원회와 신탁통치가 핵심 사항이었다.

제2차 미·소 공동위원회가 열린 1947년에 반탁 진영은 3상 회의 결론을 놓고 분열을 일으켰다. 한민당은 '공동위원회에 참여해 임시정부를 세운 뒤 신탁통치를 거부하자'는 입장을 취했다. 3상 회의 결정의 2가지 핵심 요소를 수용하고 신탁통치 부분만 거부하자는 이상한 입장을 내세웠던 것이다. 한민당은 미군정의 여당이었다. 그래서 미국이 참여하는 미·소 공동위원회가 자신들에게 불리하지 않다고 판단했다. 미국과 협력하면 자신들이 임시정부 수립 과정에서 유리한 고지를 선점할 수 있다고 믿었다. 그래서 그런 비논리적인 입장을 내밀었던 것이다.

반면, 김구와 이승만의 입장은 '신탁통치로 귀결될 공동위원회 참여를 거부하자'는 것이었다. 3상 회의를 반대하는 반탁진영의 입장에서는 김구·이승만의 주장이 논리적이었다. 한민당과 마찬가지로 이승만도 미국과 가까웠지만, 임시정부 수립에 필요한 역량에서는 한민당에 뒤처졌다. 국내 기반이 거의 없는 이승만이 한민당의 조직력을 따라잡을 수는 없었다.

한민당의 입장은 곧 장덕수의 입장이었다. 미군정 여당 지위와 조직력을 앞세워 이상한 논리를 주장하는 한민당의 태도는 장덕수가 반탁 진영 내에서 미움을 사게 되는 원인으로 작용했다. 그런 분위기 속에서 그는 죽음을 당했다. 친일이 죽음의 직접적인 원인은 아니었지만, 친일세력 때문에 죽음을 당한 것은 사실이다. 집권에 대한 일념으로 말도 안 되는 논리를 내세운 한민당의 노선이 그를 죽음으로 내몬 배경이었다.

19

100년 전 K-무용의 전설, 일왕을 위해 춤을 추다

남에서 친일하고 북에서 숙청당한 최승희

'구주(歐洲)의 인기를 독점한 파리의 최승희 씨'. 28살 한국인 무용수의 성공적인 유럽 순회공연을 보도한 1939년 7월 28일자 「조선일보」는 제목을 이렇게 뽑고 기사를 썼다.

> "아메리카의 공연을 마치고 다시 구라파로 건너가서 불란서, 백의이(白義耳), 독일 등 각 나라에서 대단한 센세이션을 일으키며 '조선의 무희'로서의 대기염을 토하고 있는 최승희 여사"

기사는 프랑스, 벨기에, 독일 공연 중에 삼천 객석이 꽉꽉 채워진 극장의 사례도 소개했다. 당시 최승희는 K-무용의 단연 독보적인 존재였다. 관람석에는 피카소와 마티스 같은 쟁쟁한 예술가들이 앉아서 그의 춤에 갈채를 보냈다.

식민지 출신의 무희, 전 세계를 매혹시키다

최승희는 대한제국 멸망 이듬해인 1911년 11월 24일 강원도 홍천에서 태어났다. 중등학교인 숙명여자고등보통학교를 1926년에 졸업한 그는 고전발레 전공자인 이시이 바쿠(石井漠) 문하에서 현대무용을 공부했다. 그런 다음인 1929년에 최승희무용연구소를 설립하고 1930년에 제1회 창작무용발표회를 연 뒤부터 급속히 명성을 얻어갔다.

하지만 최승희의 뛰어난 역량과 빛나는 명성은 그 자신이나 대중보다는 히로히토 일왕을 위해 훨씬 요긴하게 쓰였다. 이 점은 그 자신도 인정하는 바였다. 그는 무용에 매진하는 이유를 "내가 익찬하는 길은 동양무용 수립에 매진하는 것"이라고 밝혔다.[84] 당시에는 일왕에 대한 충성의 방편으로 '익찬(翼贊)'이라는 용어가 사용됐다. 그런 익찬을 위해 무용에 매진한다고 스스로 밝혔으니, 그의 공연은 '친일을 한다'는 의미로 관객과 대중에게 전달될 수밖에 없었다.

---

[84] 『친일인명사전』 제3권 최승희 편에 나오는 1940년 12월 14일자 「아사히신문」 기사 참조.

서른 살 때인 1941년 11월, 최승희는 도쿄극장에서 상영된 영화 「그대와 나」 시사회장에서 공연을 했다. 내선일체 및 지원병 선전 영화로, 배우 문예봉이 지원병 아내를 연기한 「그대와 나」는 일본군의 진주만 기습 얼마 전인 그달 15일에 개봉됐다. 제작은 일본군 조선군사령부가 맡았고 총독부와 육군성 보도부가 후원한 작품이었다. 한국인 허영 감독이 메가폰을 잡은 이 작품은 오늘날로 치면 일종의 '블록버스터'였다. 전쟁 장비와 지원병훈련소를 사용하고, 경성-부여-도쿄를 오가는 로케이션과 세트 촬영, 그리고 조선·일본·만주 영화계의 유명 배우와 스태프들이 참여한 호화군단이었다.[85]

이런 블록버스터 영화가 던지는 메시지는 무엇이었을까? '그대와 나'라는 낭만적인 제목은 사실 일본인과 한국인이 하나 되어 전쟁을 수행하자는 메시지를 담고 있었다. 1941년 7월 26일에 서울 반도호텔에서는 영화 좌담회가 열렸는데, 그 자리에서 허영 감독은 이렇게 말했다.

> "'그대'는 일반 일본인의 총칭이고 '나'는 일반 조선인의 총칭이며, 제목의 의미는 그대와 나는 굳게 손을 잡고 대동아공영권

---

[85] 『일본학보』 2019년 제120집에 수록된 함충범 한양대 연구교수의 논문 '식민지 조선영화 속 대동아공영의 표상' 참조.

의 초석이 되자는 것이었다."[86]

이런 작품의 시사회장에서 최승희는 공연을 했다. 그의 춤사위는 '그대'와 '나'가 하나 되는 모습을 형상화한 것일 수밖에 없었다. 그는 이런 식의 정치적 공연을 식민지 한국이나 일본뿐 아니라 중국에서도 열었다. 일본군이 전투 중인 중국 각지에서 황군 위문공연을 벌였다. 자신의 역량과 명성이 일왕의 침략 전쟁에 악용되는 것을 그는 마다하지 않았다.

일왕과 히틀러를 위해?

그렇게 번 돈은 최승희 자신을 위해서뿐 아니라 일왕을 위해서도 아낌없이 희사됐다. 『친일인명사전』을 토대로 1937년부터 1944년 사이에 그가 헌납한 목록을 살펴보자.

- 국방헌금
- 황군위문금
- 독일 상이군인 위문금
- 조선문인협회 기부금

---

[86] 『일본학보』 2019년 제120집에 수록된 함충범 한양대 연구교수의 논문 '식민지 조선영화 속 대동아공영의 표상'에서 인용.

- 군사후원연맹 후원금

- 조선군 및 해군 위문금

- 조선군사보급협회 사업기금

- 문화장려비 등[87]

이런 명목으로 최승희는 무려 7만 5,000원이 넘는 금액을 헌납했다. 1930년대 서울의 노동자들은 월급 10원도 받기 힘들었다. 1934년에 지금의 종로구 행촌동에 소재한 편창제사방직 노동자들은 하루 14시간 노동에 대한 월급으로 식사 제공에 3원 내지 7원을 받았다.[88] 최승희가 일왕의 전쟁 수행을 위해 얼마나 큰돈을 갖다 바쳤는지를 알 수 있다.

심지어 최승희는 '전쟁 부역 2관왕'이기도 하다. 친일뿐 아니라 친독까지 저질렀다. 위의 헌납 항목을 보면 '독일 상이군인 위문금'이라는 약간 특이한 항목이 있다. 최승희는 1941년 2월 독일대사관에 독일 육군병원 부상병 위문기금으로 570마르크를 냈다. 당시 환율로 볼 때 570마르크는 적지 않은 금액이었다고 한다. 일본 전범인 히로히토뿐 아니라 독일 전범인 아돌프 히틀러에게도

---

[87] 『친일인명사전』에 따르면, 이와 같은 최승희의 헌납 목록에는 기부 내역의 일부만 소개한다는 전제가 붙어 있다. 최승희가 헌납한 전체 항목이 아니라는 말이다.

[88] 1934년 10월 12일자 「동아일보」 기사 참조.

최승희의 모습. 오른쪽에 '한 맑스 동무에게'라고 쓰여 있는 것이 보인다.

부역했던 것이다.

베이징에서 친일 위문공연 중 해방 소식을 듣다

8·15 해방 당시 최승희는 한국에 없었다. 친일 위문공연을 하느라 베이징에 체류하다가 청천벽력 같은 해방 소식을 들었다. 귀국한 것은 이듬해 5월 29일이었다. 그는 북중국에서 귀국하는 동포 1,500여 명에 끼여 인천항에 입항했다.[89]

귀국 이후 최승희의 영광의 시대는 저물고 굴욕의 시대가 막을 열었다. 그의 명성에 흠집이 생기는 일들이 이때부터 벌어진다.

---

[89] 1946년 5월 31일자 「동아일보」 2면 기사 참조.

1936년 하계 올림픽 마라톤 우승 직후 한 음식점에서 최승희와 손기정 선수.

그는 귀국 직후부터 '대일협력자'라는 비판에 휩싸였다. 이런 와중에 그는 친일파임을 부인했다가 시인했다가 다시 번복하는 혼란스러운 모습을 보였다.[90] 친일 논란에 휩싸여 이미지가 실추된 상태에서 좌충우돌하는 모습까지 보이며 스스로 무게감을 떨어트렸던 것이다.

이때 그가 돌파구로 내세운 것이 있다. 속죄하는 심정으로 조선 발레를 만들겠다는 것이었다. 그때까지 자신의 무용이 '친일 무용'이었음을 스스로 인정한 셈이었다. 그는 이 계획을 들고 미군정청에 접근했고, 문교부 교화국의 도움을 받는 데 성공한다.

---

[90] 『무용역사기록학』 2024년 제73호에 실린 조경아 한국예술종합학교 학술연구 교수의 논문 '근대 무용가 최승희의 친일 행적에 관한 역사적 성찰' 참조.

프랑스 발레나 러시아 발레를 활용해 조선 발레를 만들겠다는 그의 포부를 보도한 기사가 있다.

> "최 여사는 불란서나 노서아 발레를 모방하여 조선 발레를 창설하는 한편, 조선 악기로 편성된 악목(樂目)을 가진 무용연구소도 계획 중이다. 그리고 동(同) 여사는 지난 6월 17일 군정장관 러취 소장과 회담하여 군정청의 원조를 요망하였다 한다."[91]

최승희는 군정청 지원 하에 동양 발레단을 만드는 구상을 세웠다. 그는 7월 10일까지 단원을 모집하겠다는 신문 광고도 냈다. 일을 꽤 빠르게 진행했던 것이다.

하지만 그 계획은 물거품이 됐다. 조선 발레를 만든다던 그가 갑자기 북으로 사라져버렸기 때문이다. 친일 논란을 끝내 이기지 못한 것도 한 가지 원인이었다. 『친일인명사전』은 "일제강점기 행적 등이 문제가 되어 정착하지 못하고 7월 20일 남편 안막(본명 안필승), 큰오빠 최승일과 함께 월북했다."고 설명한다.

> "평양에 있던 남편 안막은 돌연히 밤에 최승희를 데리고 평양

---

[91] 1946년 6월 21일자 「부산일보」 2면.

으로 갔다. 3개월이 안 된 아들 안병달은 일단 남쪽에 둔 채였다."[92]

미군정이 협조하겠다고 나선 가운데 언론에도 보도된 최승희의 발레단 구상은 수포로 돌아가고 그는 남한에서 종적을 감췄다. 해방과 친일 논란으로 인한 세계적 무용가의 엄청난 이미지 실추였다.

남에서 사라진 무용가, 북에서 다시 승승장구하다

그 시절 친일파들은 이북 정권과 소련군을 피해 북에서 남으로 내려왔다. 최승희는 정반대 코스를 밟았다. 그는 친일파라는 비판을 등 뒤로 하며 북으로 올라갔다. 그는 역주행하는 친일파였다. 이 역주행은 한동안 효험을 발휘했다. 그는 이북에서 단죄를 받기는커녕 오히려 정권의 든든한 후원을 받았다. 김일성의 지원으로 최승희무용연구소를 평양에 세우고 이듬해부터 공연을 열었다. 남한 단독정부가 세워진 1948년 8월에는 최고인민회의 대의원에 당선됐다.

해방 이후 북한의 친일 청산은 철저했다지만, 꼭 그렇지만도 않

---

[92] 조경아, '근대 무용가 최승희의 친일 행적에 관한 역사적 성찰', 『무용역사기록학』 73호, 2024.

았다. 친일 청산이 무산된 남한보다는 훨씬 나았지만, 북한에도 문제가 있었다. 해방 뒤 이북에서 적지 않은 친일파가 사라졌다. 이는 친일 청산의 결과이기도 하지만, 대규모 월남의 결과이기도 했다. 친일을 자체적으로 청산했다기보다는 이남으로 '전가'한 측면도 컸다.

친일파의 대규모 월남이 있었지만 여전히 이북에서도 적지 않은 수의 친일파들이 지위를 보전했다. 해방 당시 북에 있었던 친일파 상당수는 숙청되지 않고 공공기관에 고스란히 남았다. 남한에서처럼 친일 세력이 경찰과 군대를 장악한 것은 아니지만, 이들이 사회와 국가의 주요 부문에서 잔존했다.

이게 가능했던 데는 '친일파를 고쳐 쓴다'는 김일성 정권의 논리도 크게 작용했다. 김일성 정권은 보안기관과 사법 검찰기관 등 핵심적인 국가권력 부문에서는 친일 관료를 철저하게 숙청한 반면, 경제나 교육 분야에서는 재교육을 통해 재활용하는 것을 선호했다. 예를 들어 당시에 북한의 초등 및 중등학교 교장, 교무주임, 교사 2만 4,509명이 재교육 과정을 수료했다.[93]

이처럼 경제나 교육 분야의 친일파들은 김일성 정권에 의해 고쳐 쓰임을 받았지만, 세계적 무용가이자 예술 교육자인 최승희에게는 정반대 현상이 나타났다. 이북 사회가 그를 고쳐 쓰는 게 아

---

[93] 「대구사학」 2002년 제69집에 실린 전현수의 논문 '해방 직후 북한의 과거청산 (1945~1948)' 참조.

1937년의 최승희. 앞줄 오른쪽에서 두 번째가 그이다.

니라 그가 이북을 고쳐 썼다고 말할 수 있는 상황이 조성됐다.

1997년에 「조선일보」는 월북 직후의 최승희가 학생들을 지도하는 희귀 사진을 최초로 소개했다.[94] 이 사진을 찍을 당시의 최승희는 김일성의 후원을 받는 데 그치지 않고, 자기 식의 무용 세계를 북한에 이식시키고 있었다. 이는 사회주의나 김일성 체제 원리가 북한 무용에 스며드는 일을 더디게 만들었다.

> "최승희식 신무용은 비록 사회주의 사회에서 발전하였지만 민속무용을 모티브로 창작하였기 때문에 다른 사회주의 예술 작품에 비해 사상성·혁명성·당성 등이 비교적 적은 편에 속했다."[95]

이북 정권과 제휴하는 무용수가 이북 체제와 모순되는 무용을 발전시켰다. 이로 인해 북한 무용의 사회주의화는 더뎌질 수밖에 없었다. '친일파 고쳐 쓰기'가 이북 사회에서 부작용을 낳은 사례라고 볼 수 있다. 그러나 바로 그런 이유로 최승희의 무용은 북에서 오래 버티기 힘들었다. 그의 협력은 당장에는 김일성 정권을

---

[94] 1997년 3월 21일자 「조선일보」 참조.

[95] 『한국체육사학회지』 2021년 제26권 제1호에 실린 현주 경기대 연구원과 안지호 고양시정연구원 연구위원의 공동논문 '북한 무용의 변화에 대한 연구'에서 인용.

빛내줄 수 있어도, 길게 보면 김일성 정권을 해롭게 하는 것이었다. 결국 그는 그곳에서 두 번째 굴욕을 겪게 된다.

13년 전 작품을 빌미로 공개 비판, 그리고 숙청

최승희의 비극은 월북 12년 뒤부터 본격화됐다. 그것은 남편의 비극에서부터 예고됐다. 남편 안막이 반당종파분자로 규정돼 체포된 다음 달이었다. 1958년 10월인 이때부터 최승희에 대한 비판이 두드러졌다.[96]

그달에 열린 예술인 집회에서 46세의 김일성은 47세의 최승희를 비판했다. 김일성은 "무용 대가라고 자처하는 한 예술인은 당과 인민을 위해 더 잘하라고 당에서 지도와 방조를 주었으나, 그는 돈을 많이 받고 칭찬을 듣고 상을 타면 좋아하고, 그렇지 않으면 불평을 부리고 시비질을 하고 자기 작품에 대한 논평을 신문에 내지 않는다고 노골적으로 불평을 부리는 데까지 이르렀다."고 비판했다. 이 시기에 최승희는 무용가동맹위원장 자리에서 물러났다. 이때부터 '최승희 숙청설'이 나돌기 시작했다. 이듬해인 1959

---

[96] 2003년에 탈북한 최승희 제자인 무용가 김영순과 1997년에 망명한 황장엽 전 노동당 비서의 증언에 기초한 2017년 4월 29일자 「세계일보」 '사상투쟁 제물로 파국적 운명… 사후 34년 만에 열사릉 안장'은 최승희가 이북에서 버림받는 과정을 잘 보여준다.

년 초에는 「노동신문」이 최승희를 비판했다.

그로부터 8년이 지난 1967년이었다. 그해 6월에 노동당 중앙위원회에서 김일성 유일사상 체계를 확립하자는 결의가 나왔다. 그리고 계절이 바뀌어 가을이 되었다. 이번에는 노동당 선전선동부장 김창만이 최승희의 면전에서 공개적으로 그를 비판했다. 김창만은 「사도성의 이야기」에 승려를 많이 등장시킨 이유가 무엇이냐고 따져 물었다. 「사도성의 이야기」는 1954년에 초연한 최승희의 대표작이었다. 무려 13년 전의 공연을 문제 삼아 그의 사상을 트집 잡은 것이다.

김창만의 공개 비판은 최승희가 무대를 떠나는 계기가 됐다. 그로부터 2년 뒤 최승희는 58세 나이로 세상을 떠났다. 그런 굴욕의 상태로 그는 생을 마감했다. 그리고 2003년에 복권되어 애국열사릉에 안장되기까지 무려 34년이 걸렸다.

親日派屈辱

제4장

반민특위와 그 이후

문 명 기　　　김 기 진　　　강 동 진
장 경 근

親日派屈辱

이승만은 그 자신은 친일파가 아니었지만 친일 세력을 등에 업고 경무대의 주인이 됐다. 그 직후 그는 친일파 지도자 김성수를 배신했다. 하지만 그 세력과 결별한 것은 아니다. 그의 정권은 친일 세력을 배경으로 했다. 경찰과 관료 세력의 중추는 일본인을 상전으로 모시던 사람들이었다. 이승만이 배신한 대상은 친일세력의 주류다. 그들은 한민당 사람들이었다. 주류가 아닌 친일 세력은 자유당으로 뭉쳤다. 집권 12년 내내 이승만을 둘러싼 세력은 비주류 친일파들이었다. 주류는 아니었지만 친일파들이 이승만 정권을 떠받쳤다. 그래서 이승만 정권은 친일정권이다.

대한민국 정부 초대 내각에 조봉암 같은 독립운동가가 포함된 것이 친일 정권의 성격을 지우지는 못했다. 독립운동가 기용은 이 정부가 38도선 이북을 관할하지 못하는 반쪽 정부인 현실, 독립운동진영 및 진보 진영이 5·10 총선을 대거 비토해 반의 반쪽 정부가 된 현실을 은폐하는 것이었다.

이승만 정권은 외형상으로는 반일을 표방했다. 국민들의 반일 감정을 고려한 대응이었다. 그러나 이 정권은 결정적인 방법으로 자신들의 성향을 드러냈다. 국민들의 열화와 같은 지지를 배경으로 정부수립 직후에 출범한 반민특위를 무력화시키고 친일 청산을 방해했다. 1949년 6월 6일에는 경찰력을 동원해 반민특위 청사를 공격했다. 이 정권의 본색은 이것으로 여실히 드러났다.

정부가 노골적으로 친일 청산을 방해하니, 강제징용·위안부·강제징병 같은 식민 지배 피해를 정부 차원에서 해결하는 일이 요원해질 수밖에 없었다. 이로 인해 한국인들은 정부의 지원 하에 대일 피해배상을 청구할 기회를 놓쳤다. 이는 일본 제국주의의 계승자들이 피해자들에게 시달리지 않고 기운을 추스리도록 만드는 데 기여했다. 이는 동아시아 반일 여론의 상승을 억제하는 효과를 만들었다. 이런 점에서도 이승만 정권은 친일 정권이었다. 겉으로는 반일을 표방했지만, 친일 본색을 가릴 수는 없었다.

이는 이승만 정권을 무너트린 4·19혁명에 대해 좀 더 정확한 시각을 가질 것을 요구한다. 그것이 단순히 민주주의 시민혁명에 불과했는지를 따져볼 필요가 있다. 이승만은 친일 정권이었다. 그런 정권을 무너트린 사건이 1960년 혁명이다. 이 혁명과 친일 문제의 상관성을 살펴보는 것은 그래서 필요한 일이다.

이승만 정권을 무너뜨린 주력 부대는 10대와 학생들이었지만, 이들이 4·19의 유일한 부대였던 것은 아니다. 4·19 공간에는 혁신 세력이라는 진보세력도 있었다. 이 세력은 해방정국하에서는 미군정 및 이승만 집단과 싸웠고 그 전에는 일본 제국주의와 싸웠다. 이들이 가세한 가운데서 1960년에 친일 정권이 쓰러졌다. 그래서 4·19혁명은 친일 정권을 붕괴시킨 사건으로도 조명될 필요가 있다.

반민특위 당시와 그 이후는 그런 면에서 연속성을 갖는다. 친일 청산 세력이 반민특위 무력화를 계기로 타격을 입은 것은 사실이지만, 역사 무대에서 퇴장한 것은 아니다. 이승만 정권의 폭정 하에서 잠시 몸을 숙였을 뿐이다. 이들이 반민특위 와해와 4·19의 중간 시기에도 계속 꿈틀댔다는 점은 조봉암과 진보당이 1956년 대선에서 큰 지지를 받은 데서도 확인된다. 그러므로 친일 청산 세력과 친일 세력의 투쟁이 반민특위 와해로 중단됐다고 볼 수는 없다. 4·19라는 공간은 두 세력의 충돌의 장이었다.

이 시기의 친일 세력은 이승만 정권의 비호를 받았다. 그들은 자유당 정권의 경찰과 군대 그리고 극우단체의 힘을 빌려 친일 청산 세력을 견제했다. 1948년 8월 27일자 「경향신문」에 보도됐듯이 그들은 "반민족자를 처단한다는 자는 공산당 주구다", "국회에서 친일파를 엄단하라고 주장하는 자들은 빨갱이다" 같은 전단지를 뿌려댔다. 그들은 친일 청산 세력을 빨갱이로 몰기 위해 반공주의를 강화했다. 김일성을 반대하는 반공도 있었지만, 친일 청산을 반대하는 반공도 있었다. 김일성은 멀리 있지만, 친일 청산 세력은 가까이 있었다. 남한 반공 정책의 실질적 피해자는 전자가 아니라 후자였다.

친일 세력이 세계적인 반공 기운에 편승해 친일 청산 세력을 억누르는 속에서도, 한국인들은 친일파들에게 응징을 가했다. 반민특위에 가두는 방법으로, 이승만 반대운동을 벌이는 등의 방법으로 그들을 몰아붙였다. 4·19혁명은 그 결실이라고 말할 수 있다. 물론 3·15부정선거가 이 혁명을 직접적으로 촉발시켰지만, 반민특위 무산으로 인한 반감도 이 혁명을 추동한 저변의 원동력이었다.

이승만 정권의 비선 실세인 박마리아의 비극적 최후는 그런 점에서 친일파의 최후라는 범주에 넣을 수 있다. 조선임전보국단 부인대 지도위원이었던 그는 해방 뒤 영부인 프란체스카의 신임을 발판으로 이승만 정권의 핵심 인물이 됐다. 그는 이에 힘입어 국정을 농단하다가 남편 이기붕 및 아들들과 함께 4·19혁명 와중에 목숨을 잃었다.

반민특위가 무산된 후로도 친일파들의 굴욕은 많았다. 그 이듬해에 발발한 한국전쟁이 그들의 탄탄대로를 가로막는 일도 있었다. 전쟁으로 인해 국가권력의 보호가 끊어진 상황에서 적지 않은 친일파들이 굴욕을 당했다. 북한군에 의해서도 굴욕을 받고, 남한 민중에 의해서도 굴욕을 받았다. 제4장에 소개할 '카프문학의 기수' 김기진이 그런 사례에 해당한다.

다소 생뚱맞은 굴욕을 당한 친일파도 있었다. 일본 제국의회 귀족원 의원과 중추원 부의장을 지낸 박중양(朴重陽)이 주인공이다. 반민특위 때 검거됐다가 병보석으로 풀려난 그는 이승만 정권 막판에 황당한 방법으로 일본을 찬양하다가 정신이상 의심자로 몰렸다. 이승만의 권력이 절정에 달하던 1957년이었다. 그는 경무대에 보낸 「신년 소감」이란 책자 때문에 명예훼손 수사를 받았다. 그 책자에는 "쏘련이 우세, 미국인이 퇴거하게 되면 이승만 대통령은 보찜 싸노라고 분망할 것이라"라는 글귀가 있었다. 이 외에 친일적인 내용도 있었다고 언론에 보도됐다. 하도 얼토당토 않은 내용인지라 사건 담당 검사는 84세라는 고령인 박중양의 정신 상태를 의심했고, 정신병원에 그의 정신감정을 의뢰했다. 친일로 떵떵거리며 살던 이가 인생 막판에 '검찰 공인 정신이상 의심자'로 몰리는 굴욕을 당했던 것이다.

마지막 장인 제4장에는 반민특위 수사 과정에서, 한국전쟁 와중에, 4·19 혁명 과정에서 굴욕 내지 시련을 겪은 네 명의 친일파가 등장한다. 위에 거명한 김기진과 더불어 문명기, 강동진, 장경근의 이야기가 소개된다.

20

생선 한 마리로 시작한 친일, 군함과 비행기로 덩치를 키우다

죽을 죄를 지었다며 머리 조아린 문명기

일제 강점기에 경상북도에서 손꼽히는 부호로 성장한 인물이 문명기다. 그의 고향은 경북이 아니라 평안남도였다. 이곳에서 1878년에 출생한 문명기가 훗날 경북으로 가서 이 지역 유수의 부자가 됐다.

평남 안주에서 태어나 아버지와 함께 전국을 떠돌던 문명기는 경북 영덕군에 정착한 20대 때 행상 일을 시작했다. 이것을 소규모 생선 가게로 키웠다. 그러다가 제지업·수산업·자동차업·금광업 등을 경영하는 도 단위급 부호로 성장했다. 이런 대도약의 결정적 계기가 있었다. 그것은 먹을 것을 선물한 일이었다. 그 선물이 문명기에게 그런 기회를 만들어줬다.

> "당시 막 진출하기 시작한 일제 경찰과 친해질 수 있는 방도를 찾다가 영덕경찰서장의 집 앞에 자신이 팔던 커다란 방어를 매달아두고 이를 인연으로 경찰서장을 사귀었다."[97]

이 일은 그를 '상인'에서 '기업가'로 변신시키는 결정적 전환점이 됐다.

먹을 것을 앞세우는 방식은 일제 도의원이 될 때도 활용됐다. 문명기는 42세 때인 1920년에 경상북도평의회 회원이 됐다. 그리고 무려 13년간 직을 유지했다. 1949년 4월 25일 반민특위 재판에서 재판장이 그에게 도의원이 된 비결을 물었더니 그는 "자동차업을 할 때 일본인에게 고기 나부랭이를 보내서 환심을 샀다."고 답했다. 자기가 선물한 것이 대수롭지 않다고 생각했는지 '고기 나부랭이'라는 표현을 썼다.

먹을 것을 바치며 시작된 그의 친일은 나중에는 군함을 바치고 비행기를 바치고 금광을 바치는 등, 엄청난 스케일로 발전했다. 생선 한 마리를 바치며 시작된 친일이 1943년에는 헌함 운동으로까지 발전한 것이다. 더 이상은 '나부랭이'로 표현하기 힘든 것들이 '친일 선물' 목록에 올라갔던 것이다.

---

[97] 『친일파 99인』 제2권에 담긴 김경일 덕성여대 교수의 기고문 '문명기: 애국옹 칭호 받은 친일 광신도' 참조.

환갑 노인이 27세 청년이라고 주장하다

문명기의 친일에서 나타나는 특징은 자극을 좋아했다는 점이다. 이목을 집중시키는 인상적인 행동이나 발언으로 일제 지배자들의 이목을 집중시키는 일이 많았다.

그는 저서 『소지일격(所志一檄)』에서 일본인들이 초대 일왕으로 생각하는 진무(神武)를 신라 시조 박혁거세의 조카라고 주장했다. 일본 왕실의 조상신인 아마테라스 오미카미(天照大神)가 고조선 시조인 단군왕검의 고모라고도 주장했다. 한·일 두 민족의 일체성을 강조하기 위해 얼토당토않은 아무 말이나 갖다 붙이는, '아무 말 대잔치'를 했던 것이다.

그는 일본인들이 미처 생각하기 힘든 의외의 방법으로도 자신의 친일을 증명했다. 우리 나이로 환갑이던 1937년에 그는 자신이 27세라고 주장했다. 일본이 조선을 강점한 1910년이 자신이 새로 태어난 해라는 이유였다. 또 그는 일본어에 대한 애착을 유별나게 과시했다. "만일 자식들이 조선말을 하면 '이 못된 비국민아!'라고 고함을 지르면서 기절할 정도로 난타"했다고 『친일파 99인』은 전한다. 이뿐만이 아니었다. 집안도 일본식으로 꾸미고, 가족들의 예법과 행동도 일본식으로 통일했다. 일본에 갈 일이 있으면, 일본식 정장을 입고 나막신인 게다를 끌면서 도쿄를 왕래했다. 친일을 위해 자신의 삶을 정성껏 연출하는 모습을 보였던 것이다.

문명기의 일본사랑은 41세 되던 해에 일어난 3·1 운동 때도 인상적으로 증명됐다. 그는 1919년 3·1운동이 일어나자 엽총으로 무장하고 단신으로 말을 몰아 시위 참여자를 위협했다. 아무도 시키지 않았는데 스스로 기마 헌병이 되어 동포들의 시위를 진압하겠다며 나섰던 것이다.[98]

공짜 친일은 아니었다

문명기는 그냥 퍼주는 사람은 아니었다. 엄연히 사업가였다. 방어를 선물한 일이 계기가 되어 사회적 지위가 바뀐 데서도 느낄 수 있듯이, 그의 친일은 공짜가 아닌 유료였다.

일례로, 가미다나 가가비치운동도 일종의 사업 아이템이었다. 친일파 연구의 선구자인 역사학자 임종국은 이렇게 설명했다.

> " … 약빠른 사람은 돈을 벌기 위해서 친일하는 사람도 없지 않았다. 가미다나라면 왜놈들의 신을 모신 신주라 할 수 있는데, 이것을 팔면 돈벌이가 꽤 괜찮을 것 같았던 것이다. 총독에게 진언하니 국체명징(國體明徵)을 주장하는 입장에서 대폭 찬성, 이리하여 집집마다 500만 개의 가미다나를 만들어 팔았으

---

[98] 『친일인명사전』 제1권 문명기 편 참조.

니 개당 1원을 남겼대도 무려 500만 원을 벌었다는 얘기가 된다."[99]

일제는 천손의 후예인 일왕의 통치가 일본의 국가적 정체성을 이룬다고 선전했다. 문명기는 식민 당국에 접근해 그 같은 국체를 명징하게 하는 방법으로 아마테라스 오미카미를 숭배하는 가미다나를[100] 집집마다 비치하는 방안을 제안했다. 이런 500만 개 정도 팔았으니 적어도 500만 원은 벌었으리라는 게 임종국의 추정이다.

문명기는 1934년에 금광 1개를 미쓰코시 재벌에 12만 원을 받고 양도한 뒤 그중 10만 원을 비행기 제작을 위한 국방헌금으로 사용했다. 이를 감안하면 일제강점기의 500만 원이 얼마나 거액인지 짐작할 수 있다. 퍼주는 척하면서 큰 이문을 남겼으니, 상술의 관점에서 친일에 접근한 측면도 있다고 볼 수 있다.

이미지가 희화화되다

문명기의 친일은 스케일이 컸다. 군함을 바치고 비행기를 바치

---

[99] 1968년 8월 17일자 「동아일보」 5면에 실린 친일 문인들에 관한 임종국의 칼럼에 그 이야기가 거론됐다.

[100] 가미다나(神棚)는 일본신을 모시는 가정용 제단이다.

고 광산을 바쳤다. 일본의 전쟁 수행에 이만저만 도움이 된 게 아니었다. 거기다가 중추원 참의까지 지냈으니, 일본의 은혜를 단단히 누린 편이다. 다른 친일파들과 마찬가지로 그는 이런 행위로 인한 처벌을 받지 않았다. 1949년 1월 27일 경상북도에 파견된 정진용 반민특위 조사관에 체포됐지만, 5월에 병보석으로 풀려나고 그 뒤 재판이 흐지부지됐다.

그렇지만 그는 친일 행위로 인해 적지 않은 굴욕을 당했다. 그것은 이미지 상의 굴욕이었다. 반민특위에 끌려가 조사받고 재판받을 때 보여준 그의 언행은 언론을 통해 세상에 알려졌다. 이 과정에서 그의 이미지는 상당히 희화화됐다. 그의 이미지 실추는 이만저만이 아니었다. 신체적인 형벌은 받지 않았지만, 적어도 명예만큼은 처벌을 받았다고 할 수 있다.

1949년 2월 12일, 문명기는 반민특위 중앙사무국 취조실에서 첫 조사를 받았다. 그는 조사관 앞에 앉자마자 이렇게 말했다.

> "나는 왜적을 물리치기 위해 친일을 한 것이며, 우리 일가는 대대로 독립정신에 살아왔소."
>
> "이제 삼천만에 내가 지금까지 친일해온 소회를 말하게 되니 이제 죽어도 한이 없소."

이 발언을 전한 「조선일보」 기사는[101] "뻔뻔스럽게 여전히 자기 변명을 하려고만 하고 있다."고 평했다.

4월 11일의 공판 장면을 묘사한 언론 보도들은 그를 뻔뻔스럽다 못해 우스꽝스러운 괴짜로 만들었다. 그를 "국방헌금왕"으로 지칭한 4월 13일자 「동아일보」 2면은 비행기 2대를 헌납한 사실을 묻는 반민특위 특별재판부 신태익 재판관의 심문에 대해 문명기가 답한 내용을 다뤘다. 이 기사는 문명기가 "비행기를 바친 것은 제가 제일 먼저였지요"라며 "그때 이세신궁에 가서 헌납한다는 제사도 지냈습니다."라고 말한 뒤 갑자기 웃음을 터뜨렸다고 보도했다. 문명기가 웃음을 터뜨리자 방청석에서도 폭소가 일어났다.

비행기 헌납 사실을 시인하면서 방청객들까지 폭소할 만큼 크게 웃었다면 뭔가 이유가 있었을 것이다. 그렇지만 신문 기사는 그가 뜬금없이 웃어대고 방청석에서도 폭소를 터뜨리는 장면만 묘사했다. 이 장면의 전후 맥락은 설명하지 않았다. 형사피고인의 명예를 실추시키는 방향으로 기사가 작성된 셈이다. 친일파 응징에 필요한 범위를 넘어 과도하게 깎아내려도 될 만큼 사람들 마음속에서 그의 명예 따위는 짓밟아도 되는 상태였던 것이다.

1927년에 임시로 조선총독을 대리하고 제6대 총독(1931~1936)을 지낸 우가키 가즈시게(宇垣一成)에게 금덩어리를 준 일에 관한

---

[101] 1949년 2월 13일자 「조선일보」 2면 중간.

질문도 재판에서 나왔다. 1935년 10월 27일자 「매일신보」 2면은 문명기의 광산에서 두꺼비 형상의 금덩어리가 발견된 일을 보도하면서 "이것은 성대서조(聖代瑞兆)다 하여 우가키 총독을 통하여 천황 폐하께 헌상하기로 되었다 한다."라고 전했다. 어진 임금이 다스리는 시대에 나타나는 길조라며 총독을 통해 히로히토 일왕에게 헌납했던 것이다. 한·중·일 삼국에서는 두꺼비의 이미지가 좋다. 두꺼비가 은혜를 갚는 설화가 많다. 그런 설화의 주인공인 두꺼비를 닮은 금덩어리가 발견되자 총독부를 통해 일왕에게 냉큼 바쳤던 것이다.

신태익 재판장은 "피고는 노다지 금덩이를 우가키 총독에게 주었다지?"라고 질문했다. 문명기는 "광석인데, 말이 금덩이지 사실은 한번 그놈을 속여봤지요."라고 대답했다. 만약 가짜 금괴를 일왕에게 진상했다면, 문명기는 10년 뒤인 1945년까지 살아 있을 수도 없었을 것이다. 이처럼 문명기 재판에 대한 언론보도는 그의 친일 죄상을 고발하는 효과보다는 그를 허언과 망상의 캐릭터로 만드는 효과를 더 많이 만들어냈다.

"죽을 죄를 지었습니다"

1949년 4월 13일자 「조선일보」 2면에 보도된 공판 상황에 따르면, 문명기는 재판장에게 연거푸 머리를 조아리며 "그저 죽을죄를 지었습니다."라고 말했다. 같은 날 「동아일보」에 따르면 "독립이 되니 이렇게 좋을 데가 어디 있겠습니까? 당장 죽어도 좋습니다." 라고 발언했다.

당연히 아무런 진정성이 없는 발언이었다. 죽을죄를 지은 듯이 말했지만, 유무죄 판단이나 형량 산정에 영향을 주는 부분에서는 일관되게 혐의를 부인했다. 5월 9일의 제3회 공판을 보도한 10일 자 「경향신문」 2면 하단은 "전회에 이어 간단한 심문이었는데 여전히 사실을 전부 부인하였다."고 보도했다.

언론에 보도된 문명기의 과장된 발언들은 그가 진심으로 사죄한다는 인상을 전달하지 못했다. 곤경에 처한 친일파가 살아남기 위해 이런 말 저런 말 아무렇게나 하는 것으로 비쳤다. 거기다가 언론에 묘사된 과장된 행동들은 그의 이미지를 희화화시키는 요인으로 작용했다. 그의 발언 내용이나 방식에도 문제가 있었지만, 언론도 그에게는 공정하지 않았던 것이다.

그러나 문명기의 친일 행적은 법적으로는 아무 처벌도 받지 않았다. 재판이 유야무야됐기 때문이다. 그해 10월에 반민특위 특별재판부의 활동이 중지되면서 일반 법원으로 넘겨졌고, 다음 해에 한국전쟁이 일어나는 바람에 재판이 흐지부지되어버렸다. 1949년 1월에 체포돼 5월에 병보석되기까지 구금됐던 것을 제외하면 그는 신체적으로 별다른 고생을 하지 않았다.

그가 친일을 통해 엄청난 거액을 축적하고 1968년에 90세를 일기로 세상을 떠났지만, 대한민국은 그에게 벌을 내리지 않았다. 그의 재산 역시 영향을 받지 않았다. 친일반민족행위자재산조사위원회가 2010년에 펴낸 『친일재산 조사 4년의 발자취』에 따르면, 이 위원회가 국가귀속 대상으로 지정한 문명기의 재산은 경북 영덕군 강구면 화전리 1필지의 공시지가 669만 9,000원짜리 부동산에 불과하다.

21

카프문학의 기수,
황국문학으로 투항하다

세종문화회관 별관 앞에서 사형을 선고받은 김기진

시인이자 비평가인 김기진(1903~1985)은 박영희와 더불어 1920년대 후반 '카프(KAPF)문학'의 기수로 현대 문학사에서 기억되고 있다. 그는 자본주의 체제의 예술이 유희적 장식품으로 전락한 현실을 비판하면서, 프롤레타리아와 손잡고 새로운 의식 세계를 지향해야 예술의 본질을 살릴 수 있다고 역설했다.

그 같은 반체제적 문학 활동은 그의 집안 분위기와 어울리지 않았다. 그의 아버지는 친일파였다. 『친일인명사전』 제1권 김기진 편은 "아버지 김홍규는 합병 후 충청북도 황간군수와 제천군수를 거쳐 1913년 5월부터 1923년 3월까지 영동군수를 지냈다"고 알려준다. 이 사전의 김홍규 편은 김홍규가 1927년까지 군수로 부역

김기진.

하면서 토지조사사업에 참여해 토지 침탈에 기여하고 내지시찰단 일원으로 일본 여행을 다녀오고 훈6등 서보장을 훈장으로 받고 요시히토 및 히로히토 일왕의 즉위기념 대례기념장을 받았다고 알려준다.

그런 아버지 밑에서 성장한 김기진은 운동권 쪽으로 기울었다. 영동공립보통학교와 배재고등보통학교를 거쳐 1921년에 고교과정인 릿쿄대학 영문학부 예과에 들어간 그는 당시 일본에서 유행하던 진보적 정치운동에 매료됐다. 『친일인명사전』은 "학교 공부보다 노동운동가였던 아소 히사시(麻生久)를 찾는 등 사회운동에 관심을 가졌다"고 말한다. 이런 경향이 카프문학으로 이어지게 됐던 것이다.

배재고보를 중퇴한 그는 릿쿄대학도 중도에 그만두고 20세 때인 1923년에 귀국했다. 그런 뒤 백조 동인 등의 문학 활동을 하는 한편, 1924년 10월에 매일신보사 기자가 됐다. 이 자체를 친일행위로 볼 수는 없지만, 반제국주의 성향을 보이던 진보적 지식인과는 어울리지 않는 선택이었다. 이때 그의 아버지가 충북 진천군수였으니, 생계가 막막해 총독부 기관지 발행사에 들어갔다고 변명하기도 힘들다.

1927년에 군국주의 정권이 도쿄에 들어선 뒤인 1931년과 1934년, 총독부는 문화예술계 블랙리스트들을 검거하는 제1차 및 제2차 카프 검거 사건을 일으켰다. 이로 인해 김기진은 1931년에는 종로경찰서에서 열흘간, 1934년에는 전주경찰부와 남원경찰서에서 70일간 조사받았다.

청년들을 학교에서 끌어내다

매일신보사에 입사하는 묘한 행적도 남겼지만 반제국주의적인 프롤레타리아문학 활동을 하고 카프 사건으로 두 차례나 고초를 겪었던 김기진이다. 그런 그가 35세 때인 1938년부터 아버지와 같은 길을 걸었다. 이때부터 그는 친일보수의 완장을 차고 글을 썼다. 이 해에 그는 지방 시찰을 나선 미나미 지로 총독을 수행하면서 총독의 선정과 황민화정책을 찬양하는 글들을 발표했다. '일제강점기판 뉴라이트'가 됐던 것이다.

친일보수로 전향한 그는 문인답지 않은 표현들을 자주 사용했다. '붓을 던지라' 같은 표현들이 그의 친일 작품 속에 많이 들어갔다. 1943년 11월 6일자 「매일신보」 1면에 실린 '가라! 군기 아래로 어버이들을 대신해서'라는 시에서는 "대동아전쟁은 침략의 전쟁이 아니다"라고 한 뒤 "철필을 던지고 총검을 잡으라"고 학생들을 선동했다. 새해의 무운을 기원한다며 이듬해 1월 「춘추」에 쓴 '연두무운송(年頭武運頌)'에서는 "조선의 동생들도 철필을 내던지고 다수히 내달았사오니/ 오오 금년의 결전이야말로 적의 숨통을 끊을 것이로소이다"라고 읊었다.

그는 학생들에게 '학교에서 나오라'고도 외쳤다. 1943년 8월 1일자 「매일신보」에 실린 '님의 부르심을 받들고서'를 보자.

님의 부르심을 받들고서

헌 상자갑으로 모자를 만들어 머리에 쓰고
수수깡이 칼집에서 생철칼을 뽑아들고서
'이찌. 니, 이찌. 니' 부르는 30년 전
어제 같은 그 옛날의 꿈을 생각하나니

거친 들판, 험한 산등으로 말을 달리고
길길이 뛰는 파도 위로 쇠배를 타고 헤쳐나가며
대공을 날고 해저에 자맥질하던
어렸을 때의 희망이 열매 맺었구나

반도의 아우야, 아들아, 나오라!
님께서 부르신다, 동아 백만의 천배의
용감한 전위의 한 부대로 너를 부르신다,

이마에 별 붙이고, 빛나는 별 붙이고 나가자.

어머니의 품에서부터 그리워하던 그 별
오오, 이제부터 우리 사랑하는 청년의 이마 위에 빛나네.
나라를 위해 목숨을 바치는 영광의 날이 오고야 말았다
죽음 속에서 영원히 사는 생명의 문 열려졌구나

님이 나아가라 하시거든 불 속에라도, 물 속에라도,
은날개 펼치고 나는 새보다 더 빨리.
님이 머무르라 하시거든 밀운密雲과 격류 가운데서도
움직이지 않는 태산과 같이, 산림과 같이 (후략)

"반도의 아우야, 아들아 나오라 / 님께서 부르신다"고 한 뒤 "죽음 속에서 영원히 사는 생명의 문이 열리었구나"라고, 죽어서 영원히 사는 길을 택하라고 선동했던 것이다. 곰곰이 생각해보면 섬뜩할 만한 표현도 그는 스스럼없이 사용했다. '가라! 군기 아래로 어버이들을 대신해서'에서는 "학창을 열고 너희를 부르니 즐거울지로다"라고 읊었다. 제국주의가 교실 창문을 열고 전쟁터로 가자며 손짓하는 듯한 이미지가 느껴지는 대목이다.

이 시기 학생들은 학병이나 지원병으로 끌려가지 않더라도 일제 때문에 이래저래 몸살을 앓았다. 일제는 군사교육을 시키고 금주·금연을 강요하는 등의 방법으로 학생들을 들들 볶았다. 학업에 전념하도록 하기 위해서가 아니라 일본에 충성하도록 만들고자 '마시지 말라! 피우지 말라'고 유별나게 강조하는 일들이 있었다.

1934년 하반기부터 조선인 학교에 대한 군사교련의 실시와 배속장교의 배치가 본격적으로 시작되었다. 조선인 학교에 대한 교련교육 실시가 한창 강화되던 그 시기와 맞물려 신문지상에는 '미성년자에 대한 금주 금연'을 강조하거나 이를 법제화하여 제재를 가한다는 내용의 기사들이 많이 등장했다.[102] 그런 시기에 한때는 카프문학의 기수였던 사람이 "학창을 열고 너희를 부르니 즐거울지로다"라며 학업 전념이 아닌 전쟁 전념을 독려했다. 민족에 대한 배신의 차원을 떠나 자신의 문학에 대한 배신이었다.

국민 법정에 서다

대한민국은 친일 청산이 안 된 나라라고들 말한다. 맞는 말이지만, 김기진은 그렇게 생각하지 않았을 것이다. 그는 친일 청산이 진행되는 장면을 목격했다. 그 장면 속의 청산 대상은 김기진 자신이었다. 적어도 김기진에 대해서만큼은 친일 청산이 어느 정도 이뤄졌다고 볼 수 있다.

---

[102] 이순우 민족문제연구소 특임연구원의 「식민지 비망록 3」 참조.

친일 행위로 인해 김기진은 사형선고를 받았다. 카프를 배신하고 친일로 전향한 것이 죄목이었다. 그런데 이 선고가 나온 곳은 반민특위가 아니다. 대한민국 법원도 아니다.

한국전쟁 때 이승만 정권은 한강 다리를 끊어놓고 서울을 떠났다. 그 바람에 한강 이북에서 발이 묶인 사람들은 김일성이 좋아서가 아니라 어쩔 수 없이 서울에 남은 시민들이었다. 그런 시민들로 가득한 서울에서 600~700명이 국민재판(인민재판)을 열어 김기진에게 사형을 선고했다. 국민 법정에서 그의 친일 죄과가 다뤄졌던 것이다.

인민군이 서울에 들어온 뒤인 1950년 7월 2일, 당시의 부민관(지금의 서울광장 옆 서울시의회) 앞에서 김기진은 인민재판을 받았다. 사형선고가 내려지고, 사람들은 김기진을 돌로 치고 몽둥이로 때리고 발로 짓밟았다. 분노에 찬 민중이 내린 '사형(私刑)'이었다. 그런 다음 서울 시민들은 그를 새끼줄로 묶어 여기저기 끌고 다녔다. 그런 뒤 남대문 근처에 내다 버리고 가마니로 덮었다. 그러나 다음 다음 날 그는 깨어났고, "죽었다가 다시 살아난 사람"으로 한동안 회자됐다. 김팔봉이란 이름은 김기진 개인뿐 아니라 기적적인 생환자까지 지칭하는 다중적 의미를 띠게 됐다.[103]

위 재판은 친일청산에 대한 남한 민중의 한을 반영한다. 이는

---

[103] 팔봉은 김기진의 호이다.

서울을 점령한 인민군의 한이 아니었다. 이 시기 북한에서는 친일 청산이 상당부분 이뤄졌기 때문에, 반민특위가 좌절된 남한처럼 이 문제에 대한 한이 광범위할 리 없었다. 인민군 점령하에서 벌어진 일이기는 해도, 친일 청산과 관련된 이 재판은 남한 민중의 응어리진 한을 대변하는 것이었다.

부활 뒤의 김기진

한국전쟁 때 당한 굴욕으로 죽을 뻔하기도 했지만 김기진은 새 사람이 되지 못했다. 오히려 극렬 반공투사의 길로 뛰어드는 계기가 됐다. 김철 교수에 따르면, "인민재판 이후 팔봉은 1951년 5월에 조직된 육군종군작가단에 입대하여 1952년에는 부단장으로 활약하면서 금성화랑무공훈장을 받기도 하였다"라며 "이후 그는 남한 문단에서 가장 극렬한 반공작가의 한 사람으로 활동"했다. 그는 한일협정 이듬해인 1966년에는 국가재건최고회의 산하 재건국민운동본부의 후신인 재건국민운동중앙회의 회장이 됐다.

해방 이후의 남한 보수세력은 무장독립운동이나 진보적 독립운동을 한 사람들과 친일청산을 주장하는 사람들을 '빨갱이'로 몰아세웠다. 북한뿐 아니라 이런 세력과 싸우는 것도 남한 보수세력의 반공이었다. 김기진이 "가장 극렬한 반공작가"가 된 배경은 그에게 손가락질하는 사람들이 주로 '빨갱이'였던 것과 무관치 않다.

해방 후에 김기진이 반공 활동만큼이나 열심히 했던 일이 또 하나 있다. 실제로는 친일을 하지 않았다는 주장이다. 『친일파 99인』에 따르면, 그는 「나의 회고록」에서 "매일같이 술이나 마시면서 지냈다.", "일제가 물러간 뒤에 민족의 독립을 준비할 신간회와 같은 민족 기간단체를 꾸릴 작정을 하고 있었다."라고 황민문학에 투항했던 과거의 삶을 거짓으로 재구성했다.

국민재판에서 김기진에게 사형을 선고한 것은 반민특위 재판을 대신하는 것이었다고 볼 수 있다. 그래서 역사적 의미가 있다. 하지만 그 재판에서 나온 선고는 결과적으로 무색해졌다. 늦어도 1938년부터 제국주의 침략전쟁을 옹호한 김기진에게 대한민국 정부와 사회는 격한 칭찬을 해주었다. 대한민국은 그에게 예술원 회원직과 문화훈장을 주었고, 그의 사망 4년 뒤인 1989년에는 한국일보사가 팔봉비평문학상을 제정해줬다.

22

어느 친일 판사의
행방불명

일제에 부역하고도 반민특위는 피했지만 납북을 당한 강동진의 최후

일제 판사들은 법관석에 앉아 봉을 두드리는 소극적 역할만 한 게 아니었다. 이들의 존재는 식민통치에서 결정적 역할을 했다.

일제 순사들이 한국인들을 잡아다 때리고 가둔 뒤에 풀어준다면, 식민지배에 대한 한국인들의 저항은 언제라도 폭발적으로 분출될 수 있었다. 하지만, 법률을 안다고 공인된 전문가들이 "이들의 행위는 유죄이며 징역형을 가해야 한다"고 선고하면, 그 같은 저항이 어느 정도 예방되는 한편, 일제 국가권력의 폭력성이 합리적으로 비쳐질 수도 있었다. 재판부에 한국인 판사가 끼어 있다면 그 효과가 배가될 수도 있었다. 일제 입장에서 볼 때, 강동진 (1915~?) 같은 친일 판사들의 효용성은 그런 데 있었다.

황당한 시국사건 판결문을 보라

강동진은 1915년에 평안북도 박천에서 태어나 24세인 1939년에 경성법학전문학교를 졸업하고 그해 11월에 고등문관시험 사법과에 합격했다. 그런 뒤 1940년에 광주지방법원 사법관시보가 되고 1941년에 이 법원의 예비판사가 됐다. 1942년에는 같은 법원에서 판사가 됐다.[104]

강동진은 시국사건으로 체포된 한국인들에게 유죄를 선고하는 역할을 맡았다. 그는 독립운동가 겸 목사 김기섭에게 '예수 그리스도가 행정수반인 반일 정부를 세우려 했다'는 이유로 징역형을 선고하는 어처구니없는 재판에도 참여했다. 김기섭 판결문에 따르면, 일본인 재판장과 함께 재판에 참여한 강동진은 "기독을 수반으로 하는 천년왕국의 건설에 의해 우리 국체를 기독교리에 의해 통치하도록 하는 국체변혁의 목적을 가지고"라는 말로 김기섭의 정치적 성향을 규정했다.[105] 그리스도를 행정수반으로 하는 천년왕국을 세우고자 체제 변혁을 꾀한 인물로 정의했던 것이다.

그런 뒤 김기섭의 설교 중에서 "기독교를 독실히 믿는 자만이 천년왕국의 백성이 되어 평화로운 생활을 영위할 수 있으므로 우리들은 더욱더 신앙을 독실하게 하여야 한다"는 부분 등을 근거

---

[104] 『친일인명사전』 제1권 강동진 편 참조.

[105] 『친일반민족행위진상규명보고서』 제4-1권 강동진 편 참조.

일제 강점기 재판정 모습.

로 치안유지법을 적용해 징역 1년 6개월을 선고했다. 예수를 끌어들여 일본제국에 맞서려 했다는 이유로 유죄가 선고된 이 사건은 일제가 얼마나 어처구니없는 이유로 한국인들을 억눌렀는지를 보여준다.

주봉식이라는 사람이 있었다. 그는 1929년 광주학생운동에 참여했다는 이유로 광주고등보통학교에서 퇴학당한 사람이었다. 그 뒤 권투도장 등을 운영하면서 학생들에게 독립정신을 고취시키던 그는 1942년 1월 24일에 또다시 체포됐다. 광주 시내에 있는 한 카페의 한국인 여급이 일본어를 쓰는 데 격분하여 '한국인은 한국어를 써야 한다'고 질책했다가 일본 경찰에 체포된 것이었다. 주봉식의 재판에는 강동진도 참여했는데, 재판부는 징역 2년을 선고했다.

강동진은 합의부 사건뿐 아니라 단독으로 재판한 사건에서도 일제의 한국인 탄압을 실천했다. 1943년 3월 9일 전남 고흥반도에 거주하며 굴 판매업을 하는 김준호에게 유죄를 선고한 사례를 보자. 김준호는 고흥반도 북쪽인 곡성군의 읍내 상점에 들어갔다가 거기 모인 사람들에게 자기 동네의 식량 사정을 이야기했다. "10일에 한 되의 배급미는 죽도 못 끓여 먹어 고흥군은 물론 장흥군에서도 굶어 죽는 사람이 많다."는 말을 한 것이다. 고흥반도의 서쪽 건너편인 장흥반도의 절박한 상황까지 함께 언급했던 것이다. 이 때문에 붙잡힌 김준호에 대해 친일 판사 강동진은 "시국에 관한 조언(造言)비어를 한 자"라는 이유로 벌금 50원을 선고했다.

1940년 5월 27일자 「조선일보」에는 박봉 생활자들이 한옥 월세 30원이나 40원을 감당하기 힘들어 한다는 이야기가 나온다. 김준호에게 부과된 벌금 50원이 어느 정도의 부담이 됐을지 짐작할 수 있다. 강동진은 이런 식으로 한국인들을 괴롭히고 탄압하는 일에 가담했다. 그가 친일 판사로 규정되는 것은 당연하다.

뜻밖의 암초를 만나다

8·15 해방은 친일 판사 강동진에게는 큰일이 아니었다. 그의 재산이나 지위에 아무 영향이 없었기 때문이다. 38도선 이남의 질서 유지에 급급했던 미군정은 한국인 법조인들과 협력하는 길

을 선택했다. 그래서 한국인 법조인들의 지위는 해방 이전보다 오히려 높아졌다. 미군정이 도입하려 했던 법관 선거제 같은 것은 그들의 반대로 무산됐다. 한국인 법조인들에게 해방은 일본인 상급자를 밀어내고 자신들이 그 자리에 앉는 좋은 기회가 됐다. 이런 흐름 속에서 강동진은 1945년 12월에 대전지방법원 판사로 옮겨가고, 35세 때인 1947년 1월에 대전에서 변호사 개업을 했다.

1948년에 출범한 국회 반민특위도 그에게는 걸림돌이 되지 않았다. 다른 분야에 비해 법조인들은 반민특위의 영향을 덜 받았다. 그 결과 강동진은 일제에 협력해 취득한 재산은 물론이고 법조인 지위까지 무사히 보존할 수 있었다.

강동진은 친일 행적으로 인한 불이익을 받지 않았다. 굴욕도 겪지 않았다. 그런데 그의 인생은 뜻밖의 상황에서 암초에 부딪혔다. 이것이 그의 인생 최대의 시련이자 굴욕이 됐다.

1950년 한국전쟁 개전 초에 강동진은 인민군에 붙잡혔다. 그는 사상 개조를 위한 납북자 행렬에 끼게 됐다. 그의 고향은 평북 박천이었다. 고향을 향하는 이 납북자 행렬에서 그는 뜻밖에도 반란의 주역이 된다.[106]

강동진을 비롯한 납북자 행렬이 황해도 재령군에 머물렀을 때

---

[106] 1962년 4월 2일자 「동아일보」에 실린 조철 수기 '죽음의 세월' 제4편 참조. 이 수기를 쓴 조철은 한국전쟁 때 납북돼 북한 상업성 부장 등을 역임한 뒤 남한으로 돌아와 공산권 연구기관인 내외문제연구소에서 근무한 사람이다.

였다. 방공호를 파는 작업에 투입되었던 강동진은 동료 수십 명과 합세해 경비원을 구타했다. 그 일로 그는 열흘간 영창에 구금됐다. 풀려난 그는 1950년 9월 하순에 동료 60여 명과 함께 도주 계획을 세웠다. 그는 이 작전을 주도한 세 명 중 하나였다. 9월 말의 어느 날 자정 무렵, 강동진은 동료 60여 명과 함께 인민군 경비병 2명을 목 졸라 죽인 뒤 도주하기 시작했다. 하지만 그 순간 순찰 중인 인민군 병사에게 발각되어 인민군 경비대의 총동원으로 현장에서 모두 체포되었다.

이때 강동진은 일행과 격리됐고, 다음 날 주모자 3명과 그 외 20명이 포박되어 어디론가 끌려간 뒤 행방을 알 수 없게 되었다. 친일 판사로 떵떵거리고 살다가 해방 뒤에도 어떤 처벌도 받지 않았던 강동진은 인민군에 끌려가 행방이 묘연해지는 비극의 주인공이 됐다.

23

4·19 때 '모국'으로 쫓겨난 친일 판사

3.15 부정선거의 원흉으로 국회의원 제명된 장경근

대부분의 친일파가 그러했지만, 일부 친일파는 일본에 대한 적응력이 특히 남달랐다. 해방 뒤에 친일청산 방해에 앞장서고 1960년 3·15 부정선거 때도 맹활약했던 장경근(張暻根, 1911~1978)이 그 주인공이다.

1911년 5월 18일 평북 용천에서 출생한 장경근은 윤봉길 의거가 있었던 1932년 4월에 도쿄제국대학 법률학과에 들어갔고 3년 뒤에 24세 나이로 일본 고등문관시험 사법과를 통과했다. 한국이 아닌 일본에 가서 재학 중에 고시 패스에 성공했다. 적응력이 대단했던 것이다.

대학 졸업 2개월 뒤인 1936년 5월에 경성지방법원 사법관시보

장경근.

가 됐다. 이듬해부터는 이 법원과 경성복심법원에서 일제 판사로 부역했다. 단 한 번도 지방 발령을 받지 않았다. 미군정 하에서도 마찬가지였다. 경성지방재판소 수석판사와 서울지방법원장을 지냈을 뿐이다.

해방 뒤부터 이상 신호

해방 뒤 장경근은 잠시 주춤했다. 정부수립 다음 달에 반민법이 공포(9.22)되고 3주 뒤인 1948년 10월 13일에 그는 공직에서 물러났다. 이틀 뒤 「조선일보」는 그가 반민법에 저촉됐기 때문이라고 보도했다. 1949년 1월 8일에 반민특위 체포 1호로 친일 재벌 박흥식이 붙잡혔다. 그 석 달 전에 장경근이 반민법 문제로 공직을 잃었다. 반민특위로 인한 화를 일찍 입은 셈이다.

그러나 그는 그렇게 끝나지 않았다. 끝나는 듯했던 그는 1949년 4월에 내무부 차관이 되더니 친일 청산 훼방에 나섰다. 판사를 지냈던 사람이 경찰을 지휘하는 내무부 차관이 되어 반민특위 청사를 공격한 것이다.

> "내무부 차관으로 근무 중이던 1949년 6월 6일, 반민특위에서 친일 경찰인 최운하를 체포하자 경찰을 동원하여 반민특위 사무실을 습격해 특경대원들을 무장 해제시킨 후 연행했다."[107]

반민특위 조사위원은 국회의원이 겸하지만, 반민특위 특경대는 경찰관들이었다. 무장한 대원들을 반민특위에서 끌어내는 일을 장경근이 지시했다. 경찰이 반민특위를 공격한 이 어이없는 사건은 친일 청산의 동력을 약화시키는 결정적 계기가 됐다. 일제 잔재가 청산되지 못하게 만드는 이 결정타를 장경근이 날렸다. 1936년부터 9년간 받은 친일 녹봉에 대해 톡톡히 은혜를 갚은 것은 물론, 잔무까지 처리해준 셈이다.

이승만 정권은 장경근을 다른 용도로도 활용했다. 이승만 라인으로도 불리는 평화선을 선포한 일로 인해 한일 관계가 경직된 상태에서 그를 한일회담 대표로 내세웠다.[108] 장성근 같은 친일

---

[107] 『친일인명사전』 제3권 장경근 편 참조.
[108] 1953년 5월 6일자 「조선일보」는 4월 15일부터 도쿄에서 협상 중인 한일회담 한국대표단에 장기영 조선일보사 사장과 더불어 장경근도 합류해 있다고 보도했다.

1949년의 장경근 모습.

파를 대표단에 넣은 데서도 이승만 정권이 민족의 이익이라는 관점으로 한일회담에 임하지 않았음이 확인된다.

장경근은 이듬해인 1954년에 자유당 공천을 받고 경기도 부천에서 출마해 국회의원이 됐고 1957년에는 내무부 장관이 되었다. 그리고 반민특위 공격 때 보여준 끌어내기 특기를 또다시 발휘했다. 1957년 5월 25일, 서울 장충단공원에서 자유당 독재를 규탄하는 민주당 시국강연회가 개최됐다. 20만 명이 넘는 청중이 운집한 이 강연회장에 갑자기 깡패 50여 명이 출현했다. 이들은 각목을 들고 단상으로 돌진했다. 앰프에 휘발유를 붓고 불을 질렀다. 또 의자와 돌을 던지며 폭행을 가했다. 자유당의 사주를 받은 동대문파 깡패들이 벌인 이 난동으로 인해 강연회는 엉망이 되었다. 현장을 지키던 경찰 1,000여 명은 아무런 제지도 하지 않았다. 이 사태를 만들어낸 장본인이 바로 장경근이었다.

4·19 때 벌을 받다

장경근은 친일 판사로 부역한 일을 반성하기는커녕 도리어 반민특위를 탄압했다. 그것도 모자라 민주주의를 억압하는 일에도 가담했다. 그에 대한 벌이 내려진 것은 1960년 4·19혁명 때다.

장경근은 이승만 정권을 몰락시킨 3·15 부정선거 당시 자유당 정책위원장이었다. 부정선거를 주도했다는 혐의를 받은 그는 이승만의 하와이 망명(5.29) 일주일 전인 그해 5월 22일 밤중에 서울지방검찰청으로 소환돼 밤샘 조사를 받고 다음 날 오후에 구속됐다. 국회의원직도 박탈당했다. 그달 3일의 국회 상황을 전한 4일자 「동아일보」를 보자.

> "하오 본회의에서 3·15 부정선거의 원흉인 박만원(자)·장경근(자)·이존화(자)·신도환(자)·손도심(자) 등 5의원의 의원직 사퇴를 가결하였다."

재석의원 142명 중 120명이 장경근을 포함한 자유당 국회의원 다섯 명의 의원직 박탈에 동의했다. 1958년 제4대 총선 당시, 전체 233석 가운데 무소속(27석)과 민주당(79석)·통일당(1석)이 얻은 의석은 107석이었다. 자유당 의원들이 대거 불참했음에도 야당 표를 다 합친 107표보다 많은 찬성표가 나왔다. 자유당 사람들이 볼 때도 장경근은 3·15 부정선거의 원흉이었던 것이다.

1960년 4·19 혁명.

그는 선거법 위반으로 기소된 상태에서 또 다른 혐의로 추가 입건됐다. 이승만 정권은 1960년 대선에 대비해 진보세력(당시 표현은 혁신계)을 묶어두고 지방 권력을 약화시킬 목적으로 1958년 12월 24일에 국가보안법 개정을 추진했다. 이것이 국가보안법 파동(2·4파동)이다. 적용 대상을 확대하고 이적행위 개념을 확대하는 등의 방법으로 국가보안법 개정을 추진한 사건을 기획한 것이 4·19혁명 뒤에 불거져 추가 입건된 것이다.

1960년 7월 28일자 「조선일보」는 "장경근·조순·임철호 등 자유당 운영위원회 위원들은 2·4파동 때 300명의 무술경위를 임시 채용하여 야당 의원들을 불법감금해서라도 국가보안법 및 지방자치법을 통과시키자는 사전 협의를 하였으며 이를 실천에 옮김으로써 불법감금 및 불법체포의 범행을 저지른 것"이라고 보도했다. 국가보안법은 일제강점기의 치안유지법을 계승한 것이다. 일제 판사로 부역했던 그가 치안유지법의 후신을 강화하는 일에도

1960년 5월 29일자 「경향신문」. 이승만이 하야성명 발표 후 하와이 망명가는 모습을 보도했다.

가담했던 것이다.

부정선거 원흉으로 구속돼 서울형무소(서대문형무소)에 들어간 그는 당뇨병을 핑계로 두 차례에 걸쳐 보석을 신청해 7월 16일 석방되었고, 11월 13일에 종적을 감췄다. 통쾌한 듯 활짝 웃음 짓는 그의 사진을 실은 이틀 뒤의 「경향신문」 기사는 장경근 부부가 서울대병원 입원실에 있다가 휴대용 라디오, 회중시계, 핸드백, 혈압계 등을 챙겨 도주한 사실을 보도했다. 검찰은 전국에 지명수배령을 내렸다. 밀항에 대비해 경찰에 해안 봉쇄도 지시했지만 체포에는 실패했다. 그는 바다 건너 일본으로 달아났다.

반민법 공포 뒤에 공직에서 물러났던 장경근이 6개월 만에 복귀한 뒤 반민특위 청사를 공격할 수 있었던 것은 그를 기용한 집단이 친일 정권이었기 때문이다. 그 친일 정권을 붕괴시킨 것이 4·19혁명이다. 이승만 정권이 붕괴하고 더 이상 의지처를 찾을 수 없게 된 장경근은 일본으로 도주했다. 더 이상 한국에서 버틸 수 없어 바다를 건넌 것은 그의 몰락을 반영하는 장면이다. 친일 정권 붕괴의 결과로 생긴 일이니 이 일은 그의 친일에 대한 간접적 단죄로 볼 수 있다.

일본으로 도주해서 잘 먹고 잘살다

장경근은 대일 적응력이 대단했다. 일본에 가자마자 그는 안정적인 직장을 찾아냈다. 1960년 11월부터 1973년 8월까지 그는 도쿄의 무라타 사법서사 사무실 법률자문역, 박종근 법률사무소 법률고문 등으로 일했다. 11월 중순에 망명했는데, 그달에 바로 취직이 되었던 것이다.

평안도 출신인 장경근은 선거구인 부천 주변을 자신의 왕국으로 건설했다. 그래서 그가 서울대병원에서 종적을 감춘 직후에 경찰은 수사망을 그 지역으로 좁혔다. 일본으로 도주했으리라고는 꿈에도 생각지 못했던 것이다. 장경근 도피 나흘 뒤의 신문 기사를 보자.

"경기도 경찰 당국은 인천·김포·부평지구가 장(張)의 왕국이나 다름없었던 만큼 이곳의 어느 섬에 '장'이 틀어박혀 있을지도 모른다는 관점 아래 수사는 계속 중이다."[109]

외교부가 주일대표부에 '장경근이 일본에 있다는 말이 사실인지 확인하라'고 긴급훈령을 내린 것은 도피 닷새 뒤인 18일 오후였다.

일본으로 도주할 당시에 장경근이 걱정했던 것이 하나 있었다. 자신이 이승만의 평화선 선포를 지지한 일이 일본인들에게 어떻게 비쳐질까 하는 것이었다. 12월 1일 일본에서 가진 기자회견 때 그는 그 점에 신경을 썼다. 그날 발행된 「경향신문」은 "장을 만난 현지 기자들은 장이 건강하게 보였다고 말하였다"고 전했다. 두 차례의 보석 신청이 무색해지는 말이다. 건강한 모습으로 나타난 그는 "내가 특별히 반일적인 것은 아니었다"라며 "나는 평화선의 설치와는 아무 상관 없었다"고 해명했다. 한국에서 쫓겨난 일보다 일본에서 어떻게 살아갈지를 더 많이 걱정했던 모양이다.

장경근은 일제강점기 때의 반민족행위도 모자라 반민특위 청사를 공격하고, 민주당 집회를 방해하고, 국회의사당 폭력 사태를 일으켜 보안법 파동을 만들어냈다. 이후 활짝 웃는 사진을 한국에 남기고 일본으로 도주한 그는 무려 13년 동안 일본에서 살았다. 그 뒤 미국과 브라질을 거쳐 1977년에 아무 일 없었다는 듯

---

[109] 1960년 11월 17일자 「경향신문」.

이 한국으로 돌아왔고, 다음 해인 1978년 7월 25일에 오욕의 생을 마감했다.

에필로그

친일 문제는 어쩌보면 승리의 역사다

친일파들은 1894년 이후 130여 년간 우리에게 아픔을 주고 상처를 입혔다. '친일파'라는 단어를 들으면 우리 가슴 속에서는 대결적인 뭔가가 불끈 일어선다. 분하고 억울한 마음도 함께 일어난다. 그런데 분한 마음, 억울한 마음이 생기는 것은 우리가 아직은 확실한 승리를 거두지 못했기 때문이다. 분함과 억울함을 풀지 못했기에 그런 마음이 일 수밖에 없다. 친일파로 인한 사회적 모순은 여전하고, 그것을 청산해야 할 과제는 아직도 산더미다. 그래서 '친일'과 '친일파'라는 단어는 우리 마음을 들끓게 한다.

그러나 친일 문제는 한편으로는 승리의 역사다. 한국인들이 친일파들에게 분노만 표해온 것은 아니다. 말로만 분노한 게 아니라, 행동으로도 분노했다. 그래서 한국 역사가 적지 않게 바뀌었다. 그 와중에 친일파들도 상당한 타격을 입었다. 친일파들에게 당한 것이 아직은 훨씬 많지만, 그들에게 타격을 입힌 일도 많다는 사실에 주의를 환기시키는 것이 이 글의 출발점이다.

조선 정부와 이를 계승한 대한제국 정부는 일제와 친일파들에게 번번이 당했다. 결국 그 때문에 왕조의 간판을 내리게 됐다. 그러나 한민족의 간판까지 내려간 것은 아니다. 한국 민중들은 간판을 내리지 않았기 때문이다. 이 땅의 대중은 지치지 않고 계속해서 그들과 싸웠고 상당한 성과를 거뒀다. 동학혁명군은 최대 20만 대군을 일으켜 일본에 맞서는 반제국주의전쟁을 벌였다. 이때 조선 정부군과 극우 민병대는 일본 편을 들었다. 그래서 이 민병대는 친일 민병대다. 동학군은 그들 친일 민병대에도 상당한 타격을 가했다. 민병대에 가담하지 않은 친일파들은 그 후에 공격을 받거나 굴욕을 당했다.

한국인들은 1919년에는 동학혁명과 전혀 다른 방식으로 일제와 친일파에 타격을 입혔다. 이때 한국인들은 무기를 쓰지 않는 전국 동시궐기 방식으로 그들을 혼내줄 수 있다는 점을 보여줬다. 이때 한국인들이 외친 '만세' 구호는 대한제국 황실의 무궁을 기원하는 게 아니었다. 그것은 한민족과 이 땅 민중의 무궁을 스스로 과시하는 것이었다. 최대 200만에 이르는 민중이 만세 시위에 참여해 지축을 흔드는 함성으로 일제와 친일파를 겁주었다. 본문에서 서술했듯이 1세대 친일파들은 이 때문에 몰락의 길을 걸었다.

1945년 일제 패망은 원자폭탄 두 방이 결정적 계기였지만 일본이 오로지 원폭 때문에 패망한 것은 결코 아니다. 일본군 105만 대군이 중국 대륙에 묶여 있었기에, 미국의 원폭 투하가 훨씬 더

한 충격이 됐다. 일본군의 발을 중국 땅에 묶어놓은 것은 일차적으로는 중국공산당과 중국국민당이지만, 한국 독립군의 기여도를 빼놓으면 이야기가 성립되지 않는다. 김원봉과 이봉창, 윤봉길 등의 의열 투쟁은 중국 사람들을 감동시켰고 이는 중국인들이 한국 독립군과 손잡고 함께 일제에 맞서는 계기가 됐다. 한·중 두 민족이 연합해 일본군 대군을 묶어놓은 것이 일본의 전쟁전략을 전반적으로 뒤틀리게 만들었다. 그래서 일제 패망에는 한민족의 지분도 적지 않다.

한국인들의 기여도가 형편없이 낮았다면, 이 땅은 미국의 항구적 점령지가 됐을 수도 있다. 미군정이 3년 만에 끝난 것은 한민족의 역량과 독립운동 성과를 인정하지 않을 수 없었기 때문이다. 국제정치에서 차지할 수 있는데도 일부러 차지하지 않는 일은 존재하지 않는다. 계속 차지할 수 없으므로 3년 만에 손을 놓은 것이었다. 미군정이 3년 만에 끝난 것은 일제 패망에 대한 한국인들의 지분을 무시할 수 없었던 데도 기인한다.

그러므로 해방 직후부터 한국인들이 친일파들에게 가한 공격은 우리 자신이 이룩한 토대 위에서 우리 스스로 벌인 일이다. 미국이 만들어놓은 판 위에서 일어난 일이 아니라 우리 스스로 만든 판에서 벌어진 일이다.

반민특위의 친일 청산도 역사적 성과물이다. 반민특위는 엄청난 악조건 속에서 출범했다. 이런 기구가 등장하는 것이 사실상 불가능한데도 출범했다. 무조건 항복한 일본을 미국이 무조건 용서하고 재무장을 돕는 가운데 반민특위가 일어섰다. 친일 세력이 독립운동가 이승만을 영입해 정권을 출범시킨 직후에 반민특위가 모습을 드러냈다. 미국이 일본을 응원하고 이승만 정권이 친일파를 비호하는 속에서도 한국인들은 국회 밖이 아닌 국회 안에 친일 청산 기구를 설치했다. 대중의 친일 청산 열기가 지축을 뒤흔들고 하늘을 찌를 만한 것이었기에 당시 국회는 대중의 요구를 따를 수밖에 없었다.

한국인들은 반민특위를 무대로, 만족스럽지는 않지만 그렇다고 적다고도 할 수 없는 성과를 거뒀다. 특별조사위원회가 다룬 반민 혐의자 688명 중 특별검찰부에 송치된 자는 599명, 그중에 영장이 발부된 자는 408명, 이 중 체포된 자가 305명, 미체포된 자가 73명, 자수 61명, 영장 취소 30명이었다. 그리고 징역 이상의 신체형 10명, 집행유예 9명, 공민권 정지가 23명이었다(『친일반민족행위진상규명보고서』 제3-1권 참조). 재판 단계에서는 제대로 응징하지 못했지만, 영장 발부 및 집행 단계에서는 제한적이나마 성과를 냈다. 이승만 정권은 경찰력을 동원해 반민특위 청사를 공격했다. 이 바람에 일이 많이 틀어졌다. 하지만, 온 국민을 열광케 한 친일파 체포와 구속은 어느 정도 달성됐다.

친일 청산을 방해하고 일제 잔재를 온존시킨 이승만 친일 정권은 반민특위 와해를 기뻐했지만, 그것은 좋아할 일이 아니었다. 친일 청산의 한을 풀지 못한 한국인들은 그 뒤 이승만 정권을 계속 흔들어댔다. 민간인 학살 문제를 매개로, 불법적인 장기 집권을 매개로, 노골적인 부정선거를 매개로 계속해서 이승만에 맞섰다. 이것이 1960년 4·19 혁명으로 결실을 맺었다. 4·19는 3·15 부정선거가 직접적 계기가 된 사건이지만, 청산되지 않은 친일 문제로 인해 응어리진 한을 품은 한국 민중이 이승만을 계속 들이받는 과정에서 일어난 일이다. 4·19로 인해 부정선거의 악습은 근절되지 않았지만, 적어도 이승만 친일 정권만큼은 확실히 붕괴됐다. 이승만 본인뿐 아니라 친일 정당인 자유당도 그해 7·29 총선과 함께 군소정당으로 전락한 뒤 소리소문없이 사라졌다. 친일 청산을 방해한 이승만 정권을 한국 민중의 힘으로 무너트렸으니 약간이나마 한이 풀렸다고 볼 수 있다.

책의 본문에 담지는 못했지만, 박정희 정권도 당연히 친일 정권이다. 박정희를 비롯한 친일 군인들이 정권을 이끌었다는 이유만으로 그렇게 부르는 것은 아니다. 박 정권은 식민 지배 청산 없이 일본을 다시 끌어들여 한일협정을 맺고 한국 경제를 또다시 일본에 예속시켰다. 1964년 6월 3일에는 비상계엄령까지 발포해가며 거족적인 한일회담 반대 투쟁을 억눌렀다. 국민들은 일본과의 관계 재개 자체를 반대한 게 아니라, 식민지 시절로 사실상 회귀시키는 '굴욕적인' 한일협정을 반대했다. 그래서 박정희 정권에 대한 국민적 투쟁은 친일 세력에 대한 거국적 저항이기도 했다.

박정희 정권은 이승만 정권처럼 강제징용, 위안부, 강제징병의 한풀이를 가로막았다. 이런 점에서도 박정희 정권은 친일 집단이었다. 국민들은 박정희 친일 정권에 대해서도 격렬히 저항했다.

나중에는 그의 장기 집권을 막고자 저항했지만, 처음에는 그의 친일 정책을 막고자 저항했다. 그래서 박정희에 대한 반대 투쟁은 민주화 투쟁인 동시에 친일 청산 투쟁이었다. 이 투쟁의 저변에는 정통성 없는 친일반민족 세력에 대한 응징의 의지가 깔려 있었다.

1979년 10·26사태는 반민주 정권의 몰락인 동시에 친일 정권의 몰락이었다. 민주주의의 힘뿐 아니라 친일 청산의 힘도 그것을 추동했다. 친일 문제의 역사는 한국 현대사에 이처럼 강력한 영향을 끼쳤다.

이승만·박정희 두 친일 정권이 몰락했다고 해서 친일 정권과의 계산이 다 끝난 것은 아니다. 계산기는 아직 더 필요하다. 그 후의 보수 정권들은 이승만·박정희를 계승했다. 이런 세력이 언제 재집권을 기도할지 알 수 없다. 그들은 아직 힘이 있다. 그래서 한국인들은 이승만·박정희 청산 운동을 지금도 계속 벌이고 있다. 이승만·박정희의 계승자들은 틈만 나면 역사 교과서에 손을 대고, 빈 땅만 있으면 이승만·박정희 동상을 세우려 한다. 그래서 한국인들은 그들과 계속 싸울 수밖에 없다.

이 투쟁은 한국 사회 전반을 발전시키는 시너지 효과를 낳고 있다. 친일파들이 꿈틀대는 것은 단지 일본과 일제 잔재가 좋아서가 아니다. 그들은 세상을 다 가질 목적으로 친일 청산을 저지한다. 친일 청산이 완성되면 한국의 기득권 구조가 바뀔 수밖에 없으므로, 그들은 기득권을 지키기 위해서라도 친일 청산을 극렬 저지한다. 그러다 보니 그들의 손길이 사회 곳곳에 미칠 수밖에 없고, 그들에 대한 투쟁 역시 사회 전반에 영향을 끼칠 수밖에 없었다. 그래서 친일 청산은 한국 사회를 깨끗이 하고 발달시키는 데도 기여한다. 한국 친일 세력의 두 수괴인 이승만·박정희를 반대하는 운동은 그런 점에서 더욱더 유익하다.

이승만·박정희에 대한 한국인들의 투쟁은 2016년 촛불혁명에도 반영됐고 2024년 윤석열의 내란 진압에도 반영됐다. 박근혜 정권과 윤석열 정권이 이승만·박정희를 떠받든 것은 한국의 보수 세력이 지금도 친일 세력을 계승하고 있음을 보여준다. 이는 친일 청산을 위한 운동이 한국 사회의 부조리와 정체성(停滯性)을 타파하고 한국 사회를 활력 있게 만드는 운동임을 의미한다.

친일 문제는 우리를 많이 서글프게 한다. 동시에, 우리를 강하고 희망적으로도 만든다. 친일 문제는 동학혁명 이후의 우리 근현대사를 지속적으로 진보시키고 한국 민중을 점점 강하게 무장시키는 DNA 같은 것을 그 안에 담고 있다.

참고문헌 및 참고자료

참고문헌

국가보훈처, 『독립유공자공훈록』(전 13권).

국가보훈부 독립운동사편찬위원회 지음, 『독립운동사 제2권: 삼일운동사(상)』

동아일보사, 『비화 제1공화국』, 홍자출판사, 1975.

민족정경문화연구소, 『친일파 군상』, 1948.

반민족문제연구소, 『친일파 99인』(전 3권), 돌베개, 1993.

안중근, 『안응칠 역사』, 독도도서관친구들, 2020.

야마모토 시치헤이, 『홍사익 중장의 처형』, 이진명 옮김, 페이퍼로드, 2017.

이종각, 『이토 히로부미 – 원흉과 원훈의 두 얼굴』, 동아일보사, 2010.

임종국, 『실록 친일파』, 돌베개, 1991.

임종국 엮음, 『친일논설선집』, 실천문학사, 1987.

임종국, 『친일문학론』, 민족문제연구소, 2013.

친일반민족행위자재산조사위원회, 『친일재산 조사 4년의 발자취』, 2010.

친일반민족행위진상규명위원회 지음, 『친일반민족행위진상규명보고서』 제3-1권~제4-19권, 2009.

친일인명사전편찬위원회 엮음, 『친일인명사전』(전 3권), 민족문제연구소, 2009.

한국독립운동사편찬위원회, 독립기념관 한국독립운동사연구소, 『한국독립운동의 역사 제19권: 국내 3·1운동 1-중부·북부』, 문화체육관광부, 2008.

참고자료

강효숙, '동학농민군 탄압 인물과 그 행적', 『동학학보』 22호, 2011.

김삼웅, '한국민주공화제의 기원과 사력(史歷)', '민주공화정 100년 심포지엄'(2017년 12월 7일)

김영수, '을미사변, 그 하루의 기록', 『이화사학연구』 39집, 2009.

김준배, '아리마 세이호의 「조선역 수군사」(1942)에 보이는 이순신 비판론', 『군사』 114호, 2020.

김호동, '개항기 울도군수의 행적', 『독도연구』 19호, 2015.
반병률, '간도 15만 원 사건의 재해석', 『역사문화연구』 12집, 2000.
송규진, '일제하 참정권 청원운동의 논리', 『사총』 62집, 2006.
이영자, '근현대 충청유림의 유학정신과 위상', 『유학연구』, 38집, 2017.
이종각, '자객 고영근의 명성황후 복수기', 「신동아」 2009년 9월호.
최유리, '일제 말기 참정권 논의와 그 성격', 『이대사원(梨大史苑)』 28집, 1995.
현주, 안지호, '북한 무용의 변화에 대한 연구', 『한국체육사학회지』 제26권 제1호, 2021.

『고종실록』	『순종실록』	『매천야록』
『비서감 일기』	『대한계년사(大韓季年史)』	
「경향신문」	「동아일보」	「대한매일신보」
「매일신보」	「세계일보」	「조선일보」
「중앙일보」	「한겨레」	

참조 사이트

공훈전자사료관
https://e-gonghun.mpva.go.kr/user/index.do

친일파의 굴욕

지은이_ 김종성
펴낸이_ 양명기
펴낸곳_ 도서출판 북피움

초판 1쇄 발행_ 2025년 8월 15일

등록_ 2020년 12월 21일 (제2020-000251호)
주소_ 경기도 고양시 덕양구 충장로 118-30 (219동 1405호)
전화_ 02-722-8667
팩스_ 0504-209-7168
이메일_ bookpium@daum.net

ISBN 979-11-987629-8-6 (03910)

- 잘못 만들어진 책은 바꾸어 드립니다.
- 값은 뒤표지에 있습니다.

親日派屈辱